经济学专业教学改革与人才培养创新研究

韩　霞　沈映春　胡庆江　主编

北京航空航天大学出版社

图书在版编目(CIP)数据

经济学专业教学改革与人才培养创新研究 / 韩霞，沈映春，胡庆江主编. -- 北京：北京航空航天大学出版社，2024.8. -- ISBN 978-7-5124-4489-8

Ⅰ．F0

中国国家版本馆 CIP 数据核字第 2024BT9420 号

版权所有，侵权必究。

经济学专业教学改革与人才培养创新研究

韩 霞 沈映春 胡庆江 主编

策划编辑 董宜斌 责任编辑 刘 骁

*

北京航空航天大学出版社出版发行

北京市海淀区学院路 37 号(邮编 100191) http://www.buaapress.com.cn
发行部电话：(010)82317024 传真：(010)82328026
读者信箱：copyrights@buaacm.com.cn 邮购电话：(010)82316936
北京富资园科技发展有限公司印装 各地书店经销

*

开本：710×1 000 1/16 印张：11.25 字数：240 千字
2024 年 8 月第 1 版 2024 年 8 月第 1 次印刷
ISBN 978-7-5124-4489-8 定价：89.00 元

若本书有倒页、脱页、缺页等印装质量问题，请与本社发行部联系调换。联系电话：(010)82317024

前　言

北京航空航天大学经济学专业开设于1998年，2022年入选国家级一流本科专业建设点。经济学专业立足于学校精品文科建设的实际，聚焦经济理论与政策、公共经济与管理、产业经济政策、金融与投资、世界经济发展等优势方向，不断优化"理论素养、实践能力、创新潜质、国际视野"贯通融汇的人才培育机制，深化人才培养模式创新，致力于为政府部门、科研院所、企事业单位培养符合国家战略和社会发展要求，具有领军领导潜质的创新型拔尖人才。

北京航空航天大学经济学专业作为集学科建设、科学研究、人才培养于一体的国家级一流本科专业建设点，近年来以提高本科教学高阶性、创新性和挑战性为根本抓手，以经济学本科教学目标和课程建设理念迭代升级为导向，全面贯彻落实"以学生发展为中心"的理念，不断探索教学改革新思路，坚持专业教育和思想政治教育紧密结合，不断创新和改革教学方式，加强实践教学，促进知识传授、能力培养、价值引领的有机融合，培养学生运用经济学专业知识和数理方法分析并解决现实经济问题的综合能力和高级思维。

《经济学专业教学改革与人才培养创新研究》论文集聚焦经济学专业课程思政、教学改革、教学方法及人才培养四个方面，从教学内容优化、教学模式创新、教学能力提升、教学资源开发等角度入手，总结和提炼经济学专业本科教学及人才培养的实践经验和做法，同时融入学科专业发展前沿和最新实践动态，凸显了时代性和前沿性，全面反映了经济学专业教师在开展经济学教学改革及教学方法探索、深化人才培养模式创新等方面所进行的改革和尝试，体现了经济学国家级一流本科专业建设所取得的成果，反映了经济学专业本科教学质量的全面提高。

编　者

2024年7月

目 录

课程思政篇

空天报国精神融入产业经济学课程思政教育探析 3
思政建设融入宏观经济学案例教学 9
双创和思政教育融合下的"技术经济学"课程再建设 15
"公共经济学"融入国际比较视野下课程思政案例的探索 21
课程思政视角下高校金融类课程研究现状及趋势 28
核心技术买不来 自主创新是出路——"国际经济学"课程思政建设案例 36

教学改革篇

经济类专业"会计学原理"课程教学思考 51
本科课程"经济数学方法"教学中若干问题的思考 56
多维度、双通道、全链路的"国际经济学"混合式教学创新实践 63
"本研一体"的混合式计量经济学课程体系建设 69
新文科建设视域下政治经济学本研一体化教学改革探索 77
本研一体化背景下"计量经济学实验"课程教学改革探索 83
基于学科交叉的文科类科研课堂建设实践 92

教学方法篇

大数据背景下"宏观经济学"课程改革思路分析 105
关于"证券投资与管理"课程教学创新的几点思考 111
"农业经济学"课程中的田野调查设计与实践 118
劳创教育中融入经济学专业知识的实践与探索 124
金融学线上线下混合式"金课"建设研究 129

人才培养篇

新文科背景下经济学专业创新型科产教融合育人模式的构建 139
基于科技创新竞赛的文科大学生创新能力培养模式 146
一流本科专业建设下本科导师制的推进策略研究 153
高校选课制下学生逆向选课问题的成因及解决思路——博弈视角下的分析 159
经济学专业本科毕业设计选题现状及趋势分析 166

1

课程思政篇

空天报国精神融入产业经济学课程思政教育探析

韩霞

摘要：将作为北京航空航天大学人才培养价值底蕴的空天报国精神融入产业经济学课程思政教育，能够进一步强化课程的育人目标，突出育人特色，促进课程思政内涵的发展，增强课程思政教育的张力。针对空天报国精神在产业经济学课程思政的具体融入，要在明确课程思政育人目标的基础上优化教学内容设计，加强课程思政内容的系统性和逻辑性；充分利用课内外教学环节，实现思政教育的全过程融入；进一步做好课程思政案例库建设，丰富课程思政教育资源。

关键词：课程思政；空天报国精神；产业经济学

一、引　言

大学时期是青年学生人生观、世界观、价值观形成的重要阶段，高校和教师要从根本上加强对青年学生的正确引导，用社会主义核心价值观武装青年学生的头脑，培养学生良好的思想品德和道德情操，使其具有高度的国家认同感、社会责任感及公民意识，帮助青年学生系好人生的第一粒扣子[1]。加强青年学生思想政治教育不能仅仅依靠大学思政课程教育，专业课程教育中的思政教育同样重要[2]。习近平总书记在全国高校思想政治工作会议上指出，高校其他各门课都要守好一段渠、种好责任田，使各类课程与思想政治理论课同向同行，形成协同效应。因此，课程思政教育建设已经成为新时代落实高校立德树人根本任务的战略举措。通过将思想政治教育融入专业教学，在传授专业知识和技能的同时提升育人增值效应，培养学生运用正确的世界观和价值观判断和把握现实问题的能力，做到教书和育人并举，形成专业教育、思想政治教育合力，并将其贯穿于学校教育教学的全过程[3]，最终提高高校的人才培养质量。

在经济新常态下讲好中国故事，加强经济类专业课程思政建设，充分发挥经济类专业课程的育人功能，是构建"大思政"格局、坚守意识形态阵地和打造中国特色经济学科的应有之义和现实需求。应充分挖掘经济学科蕴含的思想政治教育资源，并将思政资源和元素融入经济类专业课程，以经济课程真实反映中国特色社会主义社会，并在课程中体现生活品格发展和社会价值的主体功能[4]。产业经济学属于应用经济学科，课程培养目标是使学生掌握产业经济领域的基本理论和专业知识，把握产业经济学的理论发展脉络,了解产业经济发展演变的内在规律。此外,作为应用经济学的重要分支,产业经济学的课程内容与现实经济社会发展有着紧密的联系,因而培养学生运用所学的专业知识分析现实经济问题的能力、提高学生解决现实问题的能力也是课程的重要目标。现阶段,在做好课程知识传授和学生能力培养的同时,深入研究如何在大思政教育背景下通过课程思政更好地发挥课程的价值引领作用,实现知识传授、能力培养、价值引领的有机统一,不仅是深化课程改革、推进课程创新的重要内容,更是落实立德树人根本任务的保证。

二、空天报国精神融入产业经济学课程思政的重要功能

(一) 强化课程育人目标和特色

北京航空航天大学(以下简称"北航")作为国家"211 工程""985 工程""双一流"建设高校,是一所具有红色基因、为国而生、与国同行的大学。空天报国是学校办学的精神内核和价值底蕴。自建校以来,北航始终坚持空天报国的育人特色,传承听党话、跟党走的红色基因,坚守为党育人、为国育才的使命担当,践行爱国奉献、敢为人先的价值追求。空天报国精神已经成为激励北航人投身国家建设和民族复兴的强大精神力量。

北航经济学专业是国家级一流本科专业建设点,产业经济学是主要面向经济学专业本科高年级学生开设的专业核心课。产业经济学课程内容与国民经济发展紧密相关,在思政元素融入方面有着独特的优势,而空天报国精神也为开展课程思政教育提供了天然优势资源。在产业经济学课程教学中融入空天报国精神,能够进一步强化课程的育人目标,满足一流专业建设思政育人需求,凸显北航育人特色,铸就人才培养的底色。空天报国内容的有机融入,能够使学生进一步了解北航作为为国而生、与国同行的大学,在国家航空航天事业发展史上留下的光辉印记,以及在国家尖端领域做出的巨大贡献。特别是,通过增进学生对引领中国航空航天事业取得重大突破、实现阶梯式跨越并使我国取得航空航天大国地位的人物和事例的了解,能够使学生更好地理解空天报国的精神内涵,激发学生传承前辈空天报国精神的热情,用所学专业知识报效祖国。由此使学生明白,作为北航学子,要在思想上、行动上与国同行,要将个人命运与国家前途、民族未来紧密联系在一起,把祖国的需要作为自己的选择,将空天报国精神内化为自身的理想和价值追求,勇于承担社会责任,为实现国家空天强国战略建功立业,真正成长为中国特色社会主义的合格建设者和可靠接班人。

(二) 促进课程思政的内涵发展

课程思政作为教学活动的重要环节,在教学内容、教学方式上都区别于大学思政

课程。如果将课程思政简单理解为在专业教学课堂上开展思政教育，则会割裂课程与思政的内在联系。课程思政不是简单、空洞的说教，而是注重强调思政内容与专业内容的关联性和适切性，注重思政教育与专业教育的有机统一[5]。只有兼顾专业育人和思政育人的双重要求，才能真正让课程思政教育达到启迪学生、感染学生的目的，进而通过内化于心、外化于行从根本上提高课程思政教育的实效性。

航空航天产业是国家高端装备制造业的重要组成部分，事关国民经济发展和国防安全，是国家工业实力和综合国力的重要体现，在从中国制造向中国智造的转变，以及我国从制造大国向制造强国转变的过程中，扮演着先导者、领航者的角色。在产业经济学课程教学中融入空天报国精神，契合国家经济社会发展的现实需要，能够进一步丰富课程思政教育资源，促进课程思政内涵发展，也为创新课程思政教育方式提供了实践选择。学生通过了解中国航空航天产业的发展历程及不同时期产业政策的变迁，能够更好地理解产业发展演进的时代特征，正确认识产业经济现象及产业发展中面临的现实问题，真正体会到以航空航天产业为代表的国家战略产业的发展及其振兴背后的爱国与奉献、使命与担当。对课程思政教育和课程思政建设进行探索，能够更好地发挥空天报国精神的启发作用及其对学生行为规范、道德标准和价值观的引领作用，提高产业经济学课程思政教育的实效性，使课堂不仅成为传道授业的场所，更成为学生学习先进思想和理念的阵地，从而拓展课程思政教育的内涵。

三、空天报国精神融入产业经济学课程思政的路径与实施方法

（一）明确课程思政的育人目标，挖掘课程思政教育元素

产业经济学课程主要以产业结构和产业组织为主线，具体围绕产业经济发展演进过程中产业主体行为、产业结构调整与升级、产业组织关系与治理、产业布局与优化、产业竞争与产业安全等内容开展教学。课程思政的开展，既要从课程内容和培养目标出发进行全面、综合的考虑，也要从产业的发展实际和现实需要出发进行考量。课程秉承立德树人的教学理念，结合北航"德才兼备、知行合一"的校训精神，通过将空天报国精神融入专业知识教育，培植学生爱祖国、爱航空、爱航天的精神，激发学生的爱国情怀，强化理想信念，增强民族自信心和自豪感。

在课程思政的育人主题上，结合空天报国精神的具体体现挖掘课程思政教育元素。一方面，利用北航教育发展史上的生动实例来诠释空天报国精神的内涵，让学生真实感知航空航天产业发展中空天报国的精神所在。在产业经济学课程中，通过介绍中国航空航天高等教育事业的开拓者沈元先生"一人一生一颗航天心"的爱国精神、中国航空自动控制和陀螺惯导学科的奠基人林士谔先生胸怀祖国坚韧不拔的"陀螺"精神、中国空气动力学专业的奠基人陆士嘉先生以学报国敢为人先的开拓精神、

中国可靠性工程专业的奠基人和开拓者杨为民先生一生奉献国防事业的"为民"精神、中国著名结构疲劳专家高镇同先生秉承航空报国志永远不知疲劳的奉献精神,深化学生的爱国主义教育、理想信念教育、创新精神教育、社会责任教育、道德伦理教育。这些人物就是曾经的师长,他们用爱国报国、无私奉献赓续着北航的红色血脉,用教书育人、为人师表书写着责任和担当。另一方面,结合中国大飞机产业、北斗产业等航空航天领域的发展实例,诠释新时代空天报国精神在中国航空航天产业发展中的价值所在。正是依靠一代又一代航空人、航天人在关键领域勇于创新、敢于突破的空天报国精神,中国航空航天产业的崛起和腾飞才得以实现。在产业经济学课程的教学中融入这些空天报国的思政元素,不仅使教学与现实紧密结合,使教学内容更富张力,而且让学生从专业学习中受到思想启迪,并使之成为他们未来成长和发展的重要支撑。

(二)优化教学内容设计,注重课程思政内容的系统性和逻辑性

在开展课程思政教学的过程中,切实做好课程教学内容的设计,将思政元素与专业知识有机结合在一起。思政内容的融入要自然、恰到好处、切合实际,注重思政内容的系统性和逻辑性,在专业教学过程中潜移默化地开展思政教育,从而有效发挥课程的育人功能,真正达到"润物细无声"的效果[6]。如果只是生搬硬套,将思政元素嫁接到专业知识教学中,作为受众的学生可能无法真正理解课程思政的内涵,教学效果也会大打折扣。

在教学内容的设计上,根据教学内容和课程思政内容合理安排知识结构和逻辑框架。在知识层面,做好思政元素的嵌入和衔接,使学生在掌握专业知识的同时,更好地理解空天报国精神的内涵和理念,学会从辩证的角度、用科学的眼光看待问题、思考问题、解决问题。在能力培养层面,通过研讨式教学、互动式教学等教学方式提高学生的专业兴趣和课堂参与度,引导学生结合空天报国的具体实例进行研讨和案例展示等,锻炼学生的表达能力、沟通能力和综合分析能力,提升其形势分析和判断能力。在价值引领层面,通过对航空航天领域空天报国典型案例的分析和研讨,使学生对人生价值进行更深的思考,培养学生的家国情怀和民族精神,培育吃苦耐劳、勇于开拓的精神,增强自主创新、自立自强的信念,提高国家认同感和社会责任感,帮助学生树立正确的世界观、人生观、价值观。

(三)充分利用课内课外教学环节,实现思政教育的全过程融入

课程思政教育并不局限于课堂教学,教师要充分利用课内课外教学环节进行精细的教学策划,通过吸引学生的广泛参与实现思政教育的全过程融入,使学生不仅学到知识,更学会做人做事,从而达到全方位育人的目的。在课内教学环节,通过师生的双向互动,实现思政教育的内化于心。教师结合专业知识讲授,根据教学内容和思政教育元素提出相关议题,鼓励和引导学生参与相关议题的讨论及学习心得的分享,

提高学生的思政意识,调动学生的课堂积极性,激发学生自主学习和主动参与的热情。通过课堂展示、课上研讨等形式,也可达到锻炼学生能力的目的。

在课外教学环节,需要把教师引导与学生自主学习有机地结合在一起。教师可以引导学生通过课前和课后环节参与到课程思政教育中。课前,学生可以根据教师给出的相关议题分组进行讨论,并对空天报国思政案例进行收集和整理,为课堂展示、课上研讨做准备。课后,学生可以根据课堂展示和研讨过程中教师和同学们给出的建设性意见及建议对已有内容进行补充和完善。通过课前和课后环节的互动反馈,培养学生的主动学习能力、团队合作能力和批判性思维能力。学生通过对思政案例教学的全过程参与,也能够进一步加深对课程思政主题的理解。另外,在课后教学环节,还可以结合教学需要,组织学生到航空航天企业参观、调研、开展生产实习,将学习场所从传统的教室延伸到航空航天企业,以开拓学生的视野,让学生近距离了解产业主体的市场行为和运作机制,真实感知中国航空航天产业发展取得的伟大成就,对新时代空天报国精神的新内涵产生更深层次的体会,从而使学生在学习和将来的工作中做到既仰望星空又脚踏实地。

(四)积极做好空天报国精神案例库建设,丰富课程思政教育资源

要提高课程思政教学的效果和影响力,不能简单依靠传统的说教式教学,而要在教学方式和教学方法上下功夫。特别是在当前"新文科"建设的背景下,经济学人才培养面临着新技术革命、新工业革命带来的挑战,人才培养上要尤为重视对学生创新能力、实践能力的要求。在教学方式和教学方法上应该与时俱进,不断创新,充分利用现代技术手段,通过实行线上线下混合式教学模式提升教学效果。现阶段,案例教学和研讨式教学在高校教学环节中已经得到了广泛应用。如何利用案例教学和研讨式教学推进课程思政教育也是课程思政建设的重要议题。

针对产业经济学课程思政教学中空天报国精神的融入,一方面,要针对课程思政教学案例开展精心设计。在挖掘空天报国精神内涵的基础上,凝练空天报国精神蕴含的具体内容,据此开展课程思政案例设计。案例的设计既要体现空天报国的精神内涵,也要以问题为导向更好地服务于课程思政教学的要求。只有这样,才能使学生在接受、理解、吸收新知识的同时,学会运用所学知识开展相关案例分析,实现书本知识与现实问题的有效连接,通过对案例内含思政元素新的理解实现内化于心进而外化于行[7]。另一方面,在案例设计的基础上开展案例库建设。从教学内容和思政教育的双重要求出发,挖掘空天报国精神的现实案例。要注重从现实经济活动中发现具体实例,以充实课程思政案例库建设。要充分利用现代技术手段丰富教学方式,案例形式可以是文字,也可以是影像等。案例库的建设需要调动师生双方积极参与,共同开展案例收集、整理、归类等,从而多角度、多渠道做好案例库建设,进一步丰富课程思政教育资源。这一过程也有助于培养学生的学术思维,提高学生自主思考和主动学习的能力。

参考文献

[1] 陈勇,陈蕾,陈旻.立德树人:当代大学生思想政治教育的根本任务[J].思想理论教育导刊,2013(4):9-14.

[2] 彭南生,赵娜.论专业课程发挥思想政治教育功能的三个维度[J].中国大学教学,2022(5):56-60.

[3] 韩丽丽.经济类专业课程思政建设的实现路径探索[J].思想理论教育导刊,2022(5):126-131.

[4] 王宜刚.高校经管类专业课程的思政教育路径[J].山西财经大学学报,2022,44(S1):149-151.

[5] 石丽艳.关于构建高校课程思政协同育人机制的思考[J].学校党建与思想教育,2018(10):41-43.

[6] 郑佳然.新时代高校"课程思政"与"思政课程"同向同行探析[J].思想教育研究,2019(3):94-97.

[7] 卢黎歌,吴凯丽.课程思政中思想政治教育资源挖掘的三重逻辑[J].思想教育研究,2020(5):74-78.

思政建设融入宏观经济学案例教学

孙琳琳　张雅文

摘要：将思政建设融入"宏观经济学"课程的建设，需要在教学过程中深入挖掘课程内容中蕴含的思政教学要点，让学生充分理解我国的宏观政策，树立中国特色社会主义道路自信、理论自信、制度自信、文化自信，增强民族振兴的责任感和使命感。在实践教学中，案例教学将理论与实际相联系，用中国故事增强宏观经济学教学的生动性和亲和力。

关键词：思政建设；案例教学；宏观经济学课程

2016年12月，习近平总书记在全国高校思想政治工作会议上提出要求，各类课程应与思想政治理论课同向同行。2019年3月，习近平总书记在学校思想政治理论课教师座谈会上，再次强调了思政教育和专业课程的有机结合，即思想政治理论课改革创新"要坚持显性教育和隐性教育相统一，挖掘其他课程和教学方式中蕴含的思想政治教育资源，实现全员全过程全方位育人"。在党中央的高度重视下，思政教育融入专业课教学成为当前最为重要的教学改革任务之一。

思政教育，就是要开展马克思主义理论教育，用习近平新时代中国特色社会主义思想铸魂育人。2017年10月，党的十九大明确提出和概括了习近平新时代中国特色社会主义思想。当前，新时代高校教育教学改革注重优化学科专业结构，专业课程体系向深入化、精细化发展，但思政教育则普遍呈现出流程化、环节化的特点，并常作为课堂教学中的独立模块出现，易使专业、思政对话分离，无法有效发挥专业课程应有的整体育人价值。并且，传统高等教育对学生品格觉悟的有效关注不足，对学生社会主义核心价值观、综合素养、正确三观的培养欠缺。此外，思政进教育与课程专业知识讲授的融合不够，课程思政"进课堂""进教材""进头脑"难，并存在推进得不够深入、系统，阐释中国问题导向不够突出等问题。

"宏观经济学"是经济学本科专业大二学生的核心专业课，是经济学专业最重要的专业基础课之一，也是其他众多专业课学习的基础。中国社会科学研究以马克思主义和习近平新时代中国特色社会主义思想为指导，力争解决中国问题。"宏观经济学"课程旨在夯实学生的专业宏观经济知识基础，使学生具备宏观经济分析的研究能力，能够解读宏观数据，剖析宏观经济，洞察宏观经济发展的本质与宏观政策的趋势。将思政建设融入"宏观经济学"课程的建设，具有非常重要的意义。思政建设融入宏观经济学课程意味着要在教学过程中深入挖掘课程内容中蕴含的思政教学要点，并使其与专业知识形成协同效应，使学生掌握理论分析框架，形成积极向上的人生态度,以传承红色基因和价值追求;注重讲授内容的中国化,让学生深刻地领悟习近平新时代中国特色社会主义思想在宏观经济学中的引领和创新作用,培养其坚定的理想信念、正确的价值取向和强烈的社会责任感;帮助学生树立正确的世界观、人生观、价值观,增强学生的制度自信,培养其经世济民的责任担当(李俊,等,2021)。

根据宏观经济学的学科特点,思政元素主要体现在以下三方面。第一,坚定"四个自信"。在中国特色社会主义制度下,中国取得了令人瞩目的成绩,在重大国际事件面前经受住了考验,而西方经济学理论框架也存在缺陷。通过理论和实际的讲授,让学生树立中国特色社会主义道路自信、理论自信、制度自信、文化自信(周雅颂,2021)。第二,努力奋斗,增强民族振兴的责任感和使命感。党的十九届四中全会指出:"当今世界正经历百年未有之大变局,我国正处于实现中华民族伟大复兴关键时期。"当代大学生正是民族振兴的主力军,培养其责任感和使命感尤为重要。第三,学习习近平新时代中国特色社会主义经济思想,理解我国的宏观经济政策。经管类的大学生毕业之后往往会从事经济类的工作,因此要充分理解我国的宏观政策。

宏观经济学实践教学中的案例教学理论联系实际,将课程中涉及习近平新时代中国特色社会主义思想的内容以案例形式传授给学生,用中国故事增强宏观经济学的生动性和亲和力,并运用中外对比法分析中国经济发展过程中的优势和劣势,增强学生对于民族振兴的责任感和使命感,以及对道路自信、理论自信、制度自信、文化自信的理解与认同,使学生切实看到党和国家、人民群众在我国经济发展历程中的探索及伟大成就,看到在党的领导下,在中国特色社会主义制度体系下,特别是在习近平新时代中国特色社会主义思想的指引下,我国全面的发展与奋斗历程,从而树立正确的社会主义核心价值观,从情感上爱党爱国,并愿意为伟大祖国努力学习和奋斗(王立国,等,2021)。

从授课方式来看,案例教学采取"分析+讲述+评析"的模式:先以学生为主体分析解读案例,后由教师讲述核心知识点并融入思政,再进行以树立社会主义核心价值观为宗旨的"评析"教学环节(冯春燕,2023)。由此,使学生在掌握西方经济学理论方法合理性内容的同时,也明了其为西方资本主义辩护的本质,以在今后工作中用社会主义核心价值观指导其思想和行为,为中国的经济建设服务。此外,在案例教学中辅以其他方法,如就思政与专业知识相结合的内容开展小组讨论、新闻报道分析、影音资料观后研讨等,可有效提升学生对思政内容的直观感受,提高参与度,强化理解,提高教学效果。

从实践方式来看,思政建设的案例教学结合经济学课程思政的目标和案例中的思政元素,深入挖掘授课内容中蕴含的思政教学要点,围绕每一课程知识点,从课程所涉专业、行业、国内、国际、文化、历史等角度,组织、设计、实施好对各种课程思政资源的"勘探""挖掘""冶炼""加工""融入"工作(洪燕真,等,2021),通过中外案例对比向学生展示中国特色社会主义制度的优越性。课程思政的建设内容还包括《习近平谈治国理政》中有关脱贫攻坚、推动经济高质量发展、改善民生等专题资料,学习强国平台、相关纪录片，以及课后的学术讲座、师生讨论、线上线下混合式教学。同时，设计了课程思政效果的调查问卷和评价表，通过邀请专家、同行和学生听课、参与座谈或访谈并填写调查问卷的方式，了解他们对宏观经济学课程思政教学的评价和建议，再根据评价结果分析问题和不足，不断改进完善课程育人体系，进一步提升课程的育人功能。除知识点外，经济学家、知名财务审计管理者的成长道路和奋斗史是典型的"正面"教材，也可引导学生爱国家，爱专业，向名家学习。

从教学手段来看，思政建设的案例教学可以充分利用现代多媒体教学手段（马艳艳，等，2019），将能充分体现党的二十大精神、习近平新时代中国特色社会主义思想、社会主义核心价值观德育元素的音像、图片、网页等深度融入教学课件中，多角度渗透于教学过程。如在讲授宏观经济政策目标中的经济增长、充分就业、物价稳定等内容时，通过向学生展示国家主流媒体相关报道的图像及视频，让学生深入了解我国经济建设取得的巨大成就。在制作涉及当前经济政策的相关内容时，可在 PPT 中嵌入习近平总书记在相关会议上的讲话或国内高层会议的图像，以凸显时代感和政治色彩。

本文进一步总结了思政建设融入宏观经济学教学实践的几个案例。

一、理解脱贫攻坚实践，领会伟大脱贫攻坚精神

改革开放以来，中国在经济增长以及对外贸易发展方面都取得了显著成就，但收入分配不均的问题依然存在，特别是二元经济结构加重了不同发展程度地区之间资本和劳动力要素的错配程度。

案例内容：党的十八大以来，以习近平同志为核心的党中央把脱贫攻坚摆在治国理政的突出位置，把脱贫攻坚作为全面建成小康社会的底线任务，以精准扶贫、精准脱贫为基本方略，组织开展脱贫攻坚人民战争。党的二十大报告指出，"我们经过接续奋斗，实现了小康这个中华民族的千年梦想，打赢了人类历史上规模最大的脱贫攻坚战"，并且强调要"巩固拓展脱贫攻坚成果，增强脱贫地区和脱贫群众内生发展动力""扎实推进共同富裕"。与此相对，联合国千年发展目标（MDGs）的减贫行动计划却长期停滞不前，中国以外的国家和地区在消除贫困上的建树也乏善可陈。中国脱贫的成就与经济增长同步，主要得益于政府主导的脱贫攻坚战。

通过案例总结我国过去 40 年的贫困特征和扶贫工作重心的变化，可以发现，农村扶贫政策经历了从以贫困地区为瞄准对象的区域开发阶段到以贫困户为瞄准对象的精准扶贫阶段，从消除绝对贫困到缓解相对贫困的过程。我国的扶贫事业由政府主导资源配置，由此带来经济增长和区域发展，并且，我国的精准扶贫政策在结合基本国情的基础上，有机融合了两大国际减贫项目的思路举措，是世界上迄今规模最大、政策面最广的减贫实验，为贫困群体提供了脱离贫困的各种渠道。

思政意义：我国的扶贫工作在以习近平同志为核心的党中央坚强领导下，发挥

社会主义制度集中力量办大事的优势,解决了一批又一批难啃的"硬骨头",而这是绝大多数国家做不到的。结合经济增长并依托脱贫攻坚史的学习,能够培育学生的社会主义核心价值观,引导学生将所学经济学知识与实践相结合,让学生深刻领会我国脱贫攻坚战取得全面胜利的背后是党中央的正确领导和一线工作者的牺牲奉献。

二、梳理国企党建工作,了解党建也是生产力

案例背景:党建工作以中国共产党自身建设中呈现出的文化观念体系指引中国共产党的建设,借助党的意识形态优势和文化思想资源优势开展各项党的建设工作,并进一步引领中国发展。对于企业而言,党建工作明确提出要"紧密结合企业生产经营开展党组织活动"。

案例内容:国企党建工作是党和政府非常重视的一项工作。2005年修订的《中华人民共和国公司法》是企业党建工作的法律支持。在国有企业党建方面,2015年,中共中央办公厅印发《关于在深化国有企业改革中坚持党的领导加强党的建设的若干意见》,要求在深化国有企业改革中坚持党的领导、加强党的建设,后续的多项政策规定也有具体体现。2019年发布的《中国共产党国有企业基层组织工作条例》规定,国有企业在混合所有制改革实践中,应当协同布局调整企业党组织,部署好企业党组织的组织关系和人事体系,积极开展党的建设工作。

思政意义:通过学习国企党建工作对企业发展的促进作用,使学生更加坚持中国共产党的领导,更加深入地领会习近平新时代中国特色社会主义思想。同时,将专业教育与学生党建协同进行,有助于形成课堂内外的大思政格局。

三、整理宏观经济数据,依托"中国视角"学习"中国故事"

案例背景:2022年,新冠疫情仍在肆虐,经济下行风险加大,需求收缩、供给冲击、预期转弱三重压力持续演化。面对复杂的环境,党中央统筹全局,团结带领全党全国各族人民攻坚克难,有效应对外界冲击,稳定经济社会发展大局。

案例内容:在经济增长部分的开篇,介绍我国2022年的经济增长情况。2022年,我国GDP为1 210 207亿元,比上年增长3.0%;2022年12月份,CPI(全国居民消费价格)同比上涨1.8%;2022年12月份,PPI(全国工业生产者出厂价格)同比下降0.7%,环比下降0.5%。全国固定资产投资(不含农户)572 138亿元,比上年增长5.1%。2022年1—10月,全国一般公共预算收入173 397亿元,扣除留抵退税因素后增长5.1%,按自然口径计算下降4.5%。货物贸易进出口总值420 678亿元,比上年增长7.7%。2022年12月末,广义货币(M2)余额266.43万亿元,同比增长11.8%;12月份,规模以上工业增加值同比实际增长1.3%。

思政意义：经济人才培养与国家经济命脉密切相关，经济学教学要为新时代社会主义现代化强国建设培养可靠接班人。在课堂案例教学环节带领学生透过具体数字了解中国的经济发展，帮助学生树立制度自信，激发学生对社会主义制度的认同感和爱国之情，引导学生运用专业所学为国为民贡献力量。

四、从城镇化看国内大循环的内生动力和可靠性

案例背景：人口负增长对我国经济社会既是挑战和冲击，也是机遇。2022年，中国人口自然增长率开始负增长，出生人口减去死亡人口的净出生人口（不考虑移民人口）减少了0.6‰，由此回溯可以推断出2021年中国人口到达了峰值。在可以预见的未来，中国可能不会再回到人口正增长的轨道上。虽然没有了人口红利，但仍有改革红利，既可以从供给侧增加劳动力供给，也可以从需求侧扩大居民消费。

案例内容：人口负增长的趋势无法逆转，但可以改变行为，改变预期。改善收入分配，可以改善总体的消费格局，可以扩大消费需求。我国的一个做法就是新型城镇化，先后发布了《国家新型城镇化规划（2021—2035年）》《"十四五"新型城镇化实施方案》，坚持走以人为本、四化同步、优化布局、生态文明、文化传承的中国特色新型城镇化道路。新型城镇化，是"以人为核心"，即以农民工市民化为核心的新型城镇化。总体不平等有相当一部分的贡献来自城乡差距，缩小城乡收入差距也就缩小了总体的收入差距。在供给侧，中国独特的劳动力供给来源于劳动力从农业向非农产业的转移，意味着从低生产率的部门向高生产率部门的转移，新型城镇化推动了这个过程。在需求侧，农民工从农村转移到城市，可以带来近30%的消费增长。进城以后，如果得到城市户口，他们的消费可以在原来的基础上再提高近30%。新型城镇化为供给侧、需求侧均带来了红利，并且城镇化率和第三产业就业的比重呈现出显著的正相关，越到比较高的城镇化阶段，两者之间的关系也就越紧密。农民工进城并得到城市户口，收入稳定地持续增长，社会保障、享有的基本公共服务才能得到稳定的保障，其消费会支撑第三产业的发展，从而使城镇化长期可持续。

思政意义：通过了解我国提出的新型城镇化理念，了解我国宏观调控人口负增长、缩小城乡收入差距等的政策措施，使学生理解、认同党和国家的宏观政策，并引导学生积极将个人发展与国家命运相结合，在实践中实现自身价值，在报效祖国的过程中成长。

参考文献

[1] 李俊,梁劲锐.宏观经济学实施课程思政的现实意义和实施路径[J].河南教育（高等教育）,2021(8):110-112.

[2] 周雅颂.经济学导论（双语）课程思政教学元素挖掘与应用实践探索[J].对外经贸,2021(12):157-160.

［3］王立国,李子晗.微观经济学教学中课程思政的实践探索［J/OL］.牡丹江师范学院学报(社会科学版),2021(5):104-106. https://doi.org/10.13815/j.cnki.jmtc(pss).2021.05.013.

［4］冯春燕."农业经济学"课程思政实施路径［J］.山西财经大学学报,2023,45(S2):288-290.

［5］洪燕真,陈婕,刘煜莹,等.《林业经济学》课程思政实现路径研究［J］.福建教育学院学报,2021,22(10):92-95.

［6］马艳艳,任曙明."经济学原理"课程思政教育实现路径探索［J］.黑龙江教育(高教研究与评估),2019(8):1-3.

双创和思政教育融合下的"技术经济学"课程再建设

侯琳琳

摘要："技术经济学"课程在原有"四位一体"建设的基础上，将创新创业教育和课程思政教育融合的理念落实于再建设中。针对课程对标建设目标存在的差距和问题，从教学内容、教学方法手段、课程实践设计及考核方式等方面分析课程落实融合教育理念的经验做法，有助于实现在传授专业知识的同时提升学生认知水平和创新创业能力。

关键词：创新创业教育；课程思政；技术经济学；课程再建设

"技术经济学"是一门具有很强实践性的课程，它将技术科学与经济科学相结合，研究技术领域的经济问题和经济规律。该课程目前是北京航空航天大学人文社会科学学院经济学专业开设的专业核心课，除了有32学时的理论学时外，还有16学时的实验学时（课程设计）。立足于拓展和加强教学实践环节，我们开展了"教师讲授、课堂讨论加习题、案例分析、课程设计"四位一体的课程建设[1]，课程建设成果获得我校教学改革二等奖，课程也于2018年年底获得了学校双百工程（百优课程）认证。近些年，随着创新创业教育和课程思政教育融合理念[2-3]的引入，课程教学要同时实现知识传授、创新创业和课程思政三重目标。根据课程建设目标，课程建设需要进行相应升级，针对课程存在的差距和问题，在教学内容、教学方法、教学手段及考核方式等方面进行再建设，不断丰富教学资源，不断提升教学质量、教学效率和教学效果。

一、创新和丰富教学内容

本课程的教学内容主要包括技术经济分析要素、资金时间价值、投资项目经济效果评价指标及方案选择、投资项目的不确定性分析、可行性研究、设备更新决策等模块。为实现课程教学的三重目标，针对课程建设存在的不足，并借鉴其他精品课程建设的经验，我们主要从以下几个方面对教学内容进行调整和优化。

（一）挖掘课程思政素材，融入教学设计

"技术经济学"课程的教学内容充满丰富的思想道德价值观念与人生哲学。深入挖掘课程思政素材并将其融入各个章节知识点的讲授中，可以使学生在学习技术经济分析基本理论和方法的同时，在思想意识、行为举止等方面接受其潜移默化的影

响,从而"润物细无声"地开展各方面的思政教育。比如:在介绍技术与经济的含义与关系时,引入美国对华为的制裁和华为的自救等内容,以激发学生的爱国情怀;在讲解技术经济学中的资源配置问题时,引入可持续发展的概念,让学生了解资源的有限性和环境保护的重要性,以培养他们的环保意识和可持续发展的观念;在介绍资金时间价值原理时,通过对单利和复利的比较,让学生认识复利效应,培养复利思维,使他们既能看到"校园贷"的危险,又能明白做事和复利投资一样,要做时间的朋友,珍惜时间,每天进步一点点,持之以恒终会卓有成效;在介绍名义利率和实际利率的含义和关系时,启发学生遇事要深度思考,要透过现象看本质;在讲解投资项目的风险时,引入风险管理的内容,让学生了解风险管理的重要性,讨论风险对创业的影响以及如何应对创业中的风险等问题,培养他们在实践中应对风险的能力。

(二)增加技术创新模块,培养创新创业意识

技术创新问题一直以来都是技术经济分析必不可少的内容,但此模块始终未被纳入教学内容。调查发现,很多院校开设的此课程也是如此,反映出课程内容体系不够完整。我们缩减了关于投资项目可行性研究的内容,增加了技术创新模块,以技术创新专题讲座的形式邀请这一领域的专家老师走入"技术经济学"课堂。通过讲解技术创新的定义和影响因素,以及技术创新在经济发展中的作用等,使学生认识到技术创新对于一个国家或地区经济发展的重要性,以培养学生的创新意识和能力。在讲授过程中,穿插一些科技创新领域的名人事迹,如华为创始人任正非、特斯拉创始人埃隆·马斯克的故事,既可以让学生了解科技创新的重要性以及创业的艰辛,也可以培养学生的创新意识和创业精神。

(三)渗透创业教育,提升创业能力

项目决策分析与评价的理论与方法是本课程的核心内容,既是提高项目投资决策水平和降低投资风险的强有力工具,也是开展创新创业活动的必备知识。因此,本课程的教学可以与创业教育很好地结合。我们的学生每年都会参与"冯如杯"创业计划竞赛、"挑战杯"创业计划大赛等赛事活动。若想取得良好成绩,学生要能够很好地识别和选择创业项目,能够对创业项目进行经济可行性和风险分析,能够很好地撰写一份创业计划书,这些都是"技术经济学"课程涉及和需要解决的问题。将往年创业大赛的项目作为教学案例,并由教师提出相关问题、设置悬念,可使学生以极大的兴趣和热情投入到课程理论知识的学习中。这不仅可以培养学生创新创业的意识和能力,而且可以为学生参加各类创业大赛提供切实的指导和支撑。

(四)整合相关课程内容,完善知识体系框架

"技术经济学"课程的内容或多或少包含其他课程的内容,如与市场调查与预测、会计财务、项目管理、创业实践等课程均有衔接或交叉。前期课程建设中未能很好地

发现这个问题,导致与其他课程的协调性不够,因而在后续课程建设中就课程内容的调整优化与其他相关课程的老师进行了充分沟通与合作。一方面,要做好不同课程之间的内容衔接,为学生搭建完整清晰的知识框架;另一方面,要避免不同课程之间教学内容的无谓交义重复,做到各有主次,充分利用有限的学时。

在教学过程中,笔者观察到很多学生会根据对课程内容的理解自行绘制思维导图。这使笔者意识到,有必要创建课程整体内容和分课堂内容的思维导图。思维导图的创建不仅是对课程整个内容和阶段内容的直观呈现,而且可以将课程间的相关性展现出来,便于学生将学到的知识有机联系起来,更有利于学生发散思维。将课程教学内容以思维导图的形式先行引出,利于学生理解课程内容,将知识点有机结合起来,从而引发思考。思维导图主要由教师创建,由学生们进行完善,也可以结合其他课程的学习内容将思维导图进行外延,这样既增加了教学的趣味性,又培养了学生的发散思维。学生在绘制思维导图的过程中获得了认同感和满足感,既能深刻理解课程内容,形成完整的知识体系框架,同时又掌握了一种思维方法。

二、改进教学方法和手段

根据课程内容和学生的特点,灵活运用讨论式教学、案例式教学等多种方法开展教学。技术经济学的一些重点理论内容(如经济评价指标等)多被抽象为数学公式,学生又多为文科生,数学基础较薄弱,逻辑思维和抽象思维能力相对较弱,我们便多采用案例教学法。课程设计实验环节采用问题导向型教学方法,并结合讨论式教学方法。前述提到将思维导图工具引入后续课程建设,为了让学生将各科知识有机地结合起来,培育学生的创新思维,我们又引入了类比关联教学法。

在讲授新知识时,要强调这些新知识与学生已有知识之间的关系。已有知识既包括本课程已学知识,还包括学生在其他课程中学到的相关知识、技能与经验等。要让学生把本课程新知识置于已有知识的结构框架中进行学习,构建更完整更完善的知识结构框架。授课中,要在适当时机将学生已有知识与正在学习的新知识进行类比。比如在讲授技术方案的确定性经济评价时,将其中的财务评价与学生在"公司财务"课程中所学的企业财务报表分析进行对比,明确二者在评价对象、目标、内容和指标体系等方面的异同;在介绍可行性研究的基础数据调研预测时,将其与"经济预测与决策"课程的预测方法进行联系对照,并在介绍完可行性研究后,要求学生将投资姓名可研报告与商业计划书进行对比分析。实施类比关联教学法,既可以使学生深刻理解所学内容,又可以让学生将所学相关课程知识进行有序衔接,实现知识的系统化,还能帮助学生逐渐形成"类比联想"的科学思维方式。

三、优化课程设计实践环节建设

课程设计是对理论、案例、实验等内容进行整合的一个重要实践环节,在技术经济学教学中起着十分重要的作用。这一实践环节目前取得了很好的教学效果,随着创新创业和课程思政教育的引入,我们从以下几个方面进行了课程再建设。

(一)增加师生评析和学生完善设计报告的环节

课程设计任务最初是针对某一中型新建投资项目进行经济可行性评价,要求学生根据给定的项目资料数据,利用Excel软件编制相关财务报表,根据财务数据分析项目的盈利能力、偿债能力,分析项目的风险,并给出项目投资决策建议,最终形成课程设计报告并提交。教师在整个课程设计过程中负责答疑解惑,指导学生完成课程设计报告,并根据学生提交报告的质量,结合学生在设计过程中的表现,给出考核成绩。

通过收集几届学生的课程反馈意见,我们发现大多数学生认为课程设计有难度,希望在过程中得到更多反馈,因此在课程再建设中加快了课程设计的节奏,适当增加了学生课下时间的投入。此外,在课程设计过程中,注重对难点或疑问点进行集中讲授,在学生提交设计报告后,增加师生评析和学生完善设计报告的环节。教师和其他项目小组的同学一起对学生的设计报告进行评析,表扬规范合理之处,重点分析问题与缺陷。让学生参与报告的评析,不仅充分调动了学生的热情和积极性,还提高了学生的科研能力、团队合作与竞争意识、综合分析问题的能力、运用理论与方法解决问题的能力。学生根据评析对设计报告进行修改完善,最终形成数十页较完善的投资项目经济可行性评价报告。学生通过完成报告,既将课程知识融会贯通,锻炼了团队合作能力,又培养了创新精神创业意识。同时,教师也积累了宝贵的案例素材,最终将形成一份丰富的案例集,从而进一步促进教学的改进与优化,形成教学相长的良性循环。

(二)丰富课程设计任务类型,助力创新创业教育

课程设计的任务项目比较单一,学生可相互讨论,但要独立完成课程设计报告。如何改进才能充分发挥学生的才智?如何设计才能更好地促成教学相长?这都是课程再建设过程中需要思考的问题。大体思路是开发多个任务项目供学生选择,并由个人完成变为小组团队完成,学生也可选择模拟创业项目。

其一,教师开发多个课程设计的任务项目,形成项目清单。学生小组团队从中选择,共同研究分析,分工合作,完成一份课程设计报告。这种方式对设计内容不再做硬性要求,给予学生充分的自主权,以调动学生的积极性,提高学生分析问题和解决问题的能力。其二,学生团队不选择教师提供的项目资料,而是自拟创新创业项目,

将定性分析与定量分析相结合,对创业项目进行技术评价和经济评价,充分发挥自己的才能。这不仅可以提高学生的创新能力、解决实际问题的能力,还能够为学生参加大学生"挑战杯"创业大赛和科技大赛等活动奠定基础,特别是在"创业大赛"中,技术经济分析是创业计划书必不可少的部分。教师还可以为学生参加创新创业活动提供背景课题,将已有科研成果或专利介绍给学生,指导学生进行研究创新、制定创业计划。

通过优化课程实践环节的建设,一方面培养学生的实践能力、创新意识和团队合作精神,另一方面积累经验和案例,促进教学相长,形成良性循环。

(三) 引入投资项目经济评价的实验软件,并编制实验教材

针对课程设计的任务项目,我们编制了《课程设计任务指导》资料供学生参考,但没形成完善的指导教材。由于条件有限,学生们主要利用 Excel 工具辅助完成设计报告。实际上,早就有专门用于本课程设计的各类型投资项目经济评价的实验软件系统。在课程建设中,有必要引入相应的课程实验软件,这将大大提高效率,有助于将更多时间用于分析和解决问题而不是计算。伴随着课程设计项目的开发及配套实验软件的引入,配套实验指导教材的编制也是必要的。

四、强化课程成绩评定的过程打分

课程已经建立了包括卷面笔试、课堂表现、习题作业、课程设计 4 项指标在内的综合考评体系,采用百分制,每项指标的权重分配如下:笔试占 50%;课堂讨论占 15%;习题作业占 10%;课程设计占 25%。但随着创新创业和课程思政教育的引入,紧密结合课程建设的三重目标,我们对课程成绩评定方式进行了相应改革。考核过程需要综合考虑学生的理论素养、实践技能、创新创业能力等要素,强化过程打分,结合阶段评价与终结评价,建立开放、灵活、个性化的多元评价机制,实现评价考核的客观、公正、全面。如何考核课程设计过程?如何评定设计报告质量?如何考核阶段学习效果?如何记录和评价课堂讨论表现?这些都需要在现有考核方式基础上进行细化和改革。

课程建设采取的举措包括:

(1) 充分利用我校在线教学 SPOC 平台和雨课堂 APP 等线上教学辅助工具。课前,将学习资料上线,工具自动记录和统计学生的预习学习表现;课中,随机线上考勤,学生可通过弹幕及时提问或发表观点,通过线上学生举手、教师回应实现师生课上互动的及时记录;课后,通过线上设定实时答题检验学生的听课效果,并自动记录打分,课后作业也通过线上提交。学生在课前、课中、课后的行为都可以通过线上教学辅助工具实现自动记录和统计打分,形成一系列过程打分的素材积累,既节约了课上的有限时间,又实现了过程评价。

（2）制定详细的案例讨论方案和课程设计评分表。比如,设计报告评分表服务于小组互评和师生评议,既为学生明确了努力方向,又让学生参与到评价之中。

（3）在评分体系中设计加分项,并提前告知学生。比如,在提问或讨论中能够深入思考、表现突出,在课程中初步完成自设的创新项目或创业计划的技术经济评价。

五、结　语

课程思政是高校落实"立德树人"教育根本任务的重要途径和方式。将思想政治教育元素融入各类课程中,能够使学生更好地理解和践行社会主义核心价值观,提高其思想政治素质,增强社会责任感。创新创业教育也是人才培养的基本途径之一,只有在专业教育中提高创新创业能力,才能培养大批能创新、会创业的高素质人才。本文重在分享将课程思政和双创教育理念融入"技术经济学"课程建设中的一些实践做法。后续将会开展更深入的研究,以"技术经济学"课程的建设为例探讨课程思政和双创教育融合理念下的专业课程建设问题。

参考文献

[1] 侯琳琳."四位一体"教学方法的实施与思考——基于《技术经济学》课程教学改革实践[J].教育与现代化,2010(4):34-37.

[2] 马一鸣,霍楷.高校创新创业教育与课程思政深度融合改革研究与实践[J].创新创业理论研究与实践,2023,6(11):75-81.

[3] 酒卫华,张磊.推动思政教育与创新创业教育同频共振[J].中学政治教学参考,2023(4):106.

"公共经济学"融入国际比较视野下课程思政案例的探索

聂 晨 赵雨涵

摘要： 本文关注了"公共经济学"教学中，如何更好地融入国际比较视野下的课程思政案例。首先，本文从培养全球经济一体化人才、提升育人效果及推动课程创新3个方面讨论了必要性问题。其次，本文以效用主义与帕累托标准之争为例对中英两国抗击疫情策略的案例进行了对比。最后，本文从提升思政意识、注重挖掘思政元素及创新教学方式方法三个方面进行了总结。

关键词： 公共经济学；课程思政；国际比较

一、引入国际比较视野下课程思政案例的必要性

（一）培养能够更好适应全球经济一体化的人才

随着全球经济一体化进程的加速，我国经济发展的内部和外部环境都发生了深刻变化。为了更好地适应这些变化，需要培养一批具备良好思想政治素质、具有一定国际视野的经济人才，使他们能够在复杂多变的国内外形势下，对我国的经济社会发展保持清晰正确的认识，对西方经济发展的顽疾具有清醒和辩证的了解[1]，从而始终坚持正确的政治方向和价值观念。

首先，在国际比较视野下，通过对公共经济学基本理论的学习，学生可以深入了解我国经济发展的历史、现状和未来趋势，增强道路自信，增强民族自豪感。其次，通过将中外案例对比式教学、叙事法教学、启发式教学和互动式教学相结合的方式，对国际比较案例进行学习和分析，学生更容易深入了解国际视野下经济领域的各种问题和矛盾，提高辩证思维能力，形成对西方经济发展的批判意识。最后，在国际比较视野下，通过对公共经济学中公平、正义等核心价值观念的强调，可以帮助学生树立正确的价值观和道德观，培养社会责任感和人文精神。

（二）提升"公共经济学"课程的育人效果

"公共经济学"课程的目标不仅是使学生掌握经济学的基本原理和方法，更重要的是培养学生的综合素质，如批判性思维、沟通能力、团队合作等[2]。通过在"公共经济学"课程中引入国际比较案例，并在案例中润物无声地融入课程思政元素，可以进

一步提升课程的育人效果。

在国际比较视野下融入课程思政元素的案例，首先可以帮助学生更好地理解和应用公共经济学的基本理论。思政元素一方面可以引导学生从更广阔的社会视野思考经济问题，另一方面将个人的经济行为与国家经济环境和社会责任联系起来，可帮助学生更好地理解公共经济学的内涵和价值。其次，可以培养学生的社会责任感和公共意识。公共经济学研究的是公共资源的配置和利用，涉及社会公平和公共利益。引导学生关注社会公平和公共利益，可以使学生更加关注社会的整体福利和发展。最后，可以提升学生的综合素质。思政元素强调对批判性思维、沟通能力、团队合作能力等方面的培养，有助于学生更好地适应未来社会和经济发展的需要。

（三）推动"公共经济学"课程的创新

"公共经济学"作为经济学的一个重要分支，其关注的内容随着全球经济社会的发展而持续发生变化[3]。在"公共经济学"课程中融入国际比较视野下的课程思政元素，可以推动课程的创新和发展，使其更好地适应时代发展的需要。

在国际比较视野下融入课程思政元素，首先可以更新和完善"公共经济学"课程的教学内容。国际比较视野下的思政元素，可以引导学生关注全球社会现实和热点问题，将课程内容与全球现实问题有机结合，使教学内容更加贴近实际、更具针对性。其次，可以引导学生关注经济学前沿理论和研究方法，以及跨学科的研究方法和思路，推动"公共经济学"教学方法不断创新和改进。最后，可以促进"公共经济学"课程的学科交叉和融合，哲学、政治学、社会学、公共管理等多个学科内容的引入，可以推动"公共经济学"课程研究领域和方法的不断拓展和完善。

下一部分，将围绕效用主义与帕累托标准的知识点，通过引入具体案例进行实践探索，进而分析如何在公共经济学中更好地融入国际比较视野下的思政元素。

二、国际比较视野下融入课程思政元素的实践探索

（一）案例主题：效用主义与帕累托标准之争——中英抗击新冠疫情策略的对比

在公共经济学视角下，结合衡量公共利益的两大原则——看所得的效用主义和看所失的帕累托标准，将应对新冠疫情过程中英国的群体免疫策略与中国应收尽收、应治尽治的方针进行对比，展现我国照顾到每一个社会成员的利益，不让任何一个成员因为经济条件、政治状况、社会身份等受到差别对待的抗疫策略。实践结果也证明，这一策略是中国抗疫取得巨大成功的重要原因之一。由此可促使学生感受和思考，我国公共部门在中国共产党领导下不断满足人民对美好生活的向往和追求，不断增强人民的获得感、幸福感、安全感方面的优势。

（二）对应的公共经济学知识点

公共利益(public interest)的界定和衡量是公共经济学的核心知识点。公共部门以政府为主，同时还包括公共企业、志愿团体，以及联合国、国际货币基金组织、世界银行等国际机构。公共部门参与资源分配的方式与追求盈利的市场经济不同，其活动应以公共利益的提升为目的，并以公共利益的最大化为最终目标。因此，如何界定和衡量公共利益成为理解和判断公共经济效果、公共部门参与资源配置情况的关键。

公共利益的衡量有多种方法，其中最主要的是效用主义和帕累托标准。效用主义又称功利主义，19世纪边沁与密尔的阐述使这种理论成为系统的学说，以及政治思想的理论基础。效用主义提倡追求"最大幸福"，关注效用的增加，尤其关注大部分群体福利的提升。而为实现这一目标，在经过比较，确定大部分群体福利的上升量大于少数和弱势群体福利的下降量后，可以牺牲少数和弱势群体的利益。

帕累托标准又称帕累托优化，是以意大利经济学家帕累托命名的，主要内容是在没有使任何人境况变坏的前提下，使至少一个人变得更好。帕累托标准主要关注在阻止任何效用下降的前提下，提升全体的福利。

在抗击新冠疫情的过程中，英国在初期阶段提倡的"群体免疫"策略体现了效用主义的特点：以牺牲弱势群体为代价保证大部分群体形成免疫。中国采取的"应收尽收、应治尽治"方针，则更好地体现了帕累托标准，即照顾到每一个社会成员的利益，不让任何一个成员因为经济条件、政治状况、社会身份等受到差别对待。

接下来将进行案例对比，并辅之以叙事法教学和启发式教学，展示两种公共利益衡量方法在实际运行中的特点和最终效果。

（三）案例意义

本案例的课程思政融入点在于，与诸多发达国家相比，中国在抗击新冠疫情的斗争中取得了重大战略成果，成为自疫情暴发以来首个恢复经济增长的主要经济体，在疫情防控和经济复苏方面均走在世界前列。而且，中国政府通过采取"应收尽收、应治尽治、应检尽检、应隔尽隔"的抗疫方针，以及对多方资源的迅速调动，形成了一个全国各地多方面参与的系统性防疫体系，并通过公共卫生、经济、政治等多领域的联手，实现了公共资源配置效率的优化，这是一个绝佳的公共经济学课程思政内容切入点。通过对比中国和英国抗击疫情过程中所遵循的衡量公共利益的不同策略，以及与之对应的截然不同的实施效果——中国取得抗疫重大战略成果，而英国议会则承认这是该国最严重的公共卫生领域的失败之一，能让学生更好地掌握衡量公共利益的两种方法，同时也让他们感受到在中国共产党领导下我国公共部门在增强人民的幸福感、获得感、安全感方面的优势，进而坚定制度自信，培养爱国情怀。

（四）案例展示

1. 案例描述

2020年3月，面对新冠疫情，英国约翰逊政府正式提出所谓的"群体免疫"策略，政府不调控，民众不防疫，任由新冠病毒在英国境内传播，靠感染使英国人获得抵抗力，从而实现"英国群体免疫"。因此，英国疫情在短时间内迅速恶化，一再被迫实施全境封闭。

英国所谓的"群体免疫"策略是长期以来英国公共部门衡量公共利益所奉行的"效用主义"原则的典型体现，即在对比之后，只要公共政策的实施、公共资源的配置能实现大部分群体成员福利水平的上升，就可以牺牲少数群体的利益。根据这一群体免疫原则，若按2018年的英国人口（6 649万人）计算，如果是60%的人口被感染，则意味着约4 000万人感染新冠病毒，而根据世界卫生组织公布的新冠病毒2%～4%的死亡率，按2%计算，英国的这个"群体免疫"至少要"牺牲"80～160万民众。而具体到特殊人群，在这一策略下，意味着老人群体、病人群体等新冠病毒易感人群和面临更高死亡可能性的人群，将被"牺牲"以换取所谓的"大部分人福利水平的上升"。当时，英国民众纷纷在社交网站表示"这不是抗疫而是屠杀"。

而从长期来看，英国的群体免疫策略也彻底失败。在经历过新冠疫情半年多的袭击之后，英国抗疫"大戏"并没有如愿降下帷幕。相反，病毒在英国发生的变异，不但给英国的疫情防控、经济重启增加了更多危险变数，也给全世界人民带来了沉重负担。英国政府公布的数据显示，截至2021年10月12日，英国累计新冠确诊病例8 231 437例，累计死亡137 944例。英国议会下议院于同日发表的英国首份新冠疫情调查报告《新冠病毒：迄今获得的教训》指出，英国未能在大流行早期采取更多措施阻止新冠病毒传播，这是该国最严重的公共卫生领域失败之一。报告认为，此次危机暴露了英国"政府机制的重大缺陷"。

与英国牺牲弱势群体、体现"效用主义"特点的"群体免疫"策略相比较，中国采取的是体现帕累托标准特点的"应收尽收、应治尽治"的抗疫方针。面对突发疫情，中国政府把人民生命安全和身体健康放在第一位，统筹疫情防控和医疗救治，采取最全面最严格最彻底的防控措施，前所未有地采取大规模隔离措施，前所未有地调集全国资源开展大规模医疗救治，不遗漏一个感染者，不放弃每一位病患，实现"应收尽收、应治尽治、应检尽检、应隔尽隔"，遏制了疫情的大面积蔓延，改变了病毒传播的危险进程。世界卫生组织网站发表的《中国-世界卫生组织新型冠状病毒肺炎（COVID-19）联合考察报告》显示："通过全面执行（中国）这些措施可以争取到一些时间，即使只有几天或数周，但这对最终减少新冠肺炎感染人数和死亡人数的价值不可估量。"

我国在"应收尽收、应治尽治"方针指导下，全力救治患者、拯救生命。对轻症患者及早干预治疗。及时收治轻症患者，及早实施医疗干预，尽量减少轻症转为重症。完善临床救治体系，全国共指定1万余家定点医院，对新冠肺炎患者实行定点集中治疗。建立全国医疗救治协作网络,通过远程会诊方式提供技术支持。武汉市针对患者数量急剧增长、80%左右是轻症的情况,集中力量将一批体育场馆、会展中心等改造成16家方舱医院,床位达到1.4万余张,使轻症患者应收尽收、应治尽治,减少了社区感染传播,减少了轻症向重症转化。16家方舱医院累计收治患者1.2万余人,累计治愈出院8 000余人、转院3 500余人,实现"零感染、零死亡、零回头"。方舱医院是阻击重大传染病传播的重大创新,使"应收尽收""床位等人"成为现实,有力扭转了防控形势。英国《柳叶刀》社论认为,"中国建造的方舱庇护医院对于缓解医疗卫生系统所承受的巨大压力有着至关重要的作用"。最终,我国在全球战疫中率先突围,为我国经济复苏打下了坚实基础,进而为世界经济复苏注入了信心和力量。

2. 教学设计

第一步:引入知识点。首先从对公共利益(public interest)的界定和衡量的历史讲起。在19世纪边沁与密尔的阐述下,"效用主义"系统性地成为西方政治思想的理论基础,西方公共部门的运行主要奉行这一原则。效用主义更提倡追求"最大幸福"(Maximum Happiness),关注总体效用的增加,尤其关注大部分群体福利的上升,而为了实现该目标可以以牺牲少数和弱势群体的利益为代价。

第二步:启发学生思考。让学生思考效用主义的缺点,是否可以牺牲少数和弱势群体的利益,而让大部分群体福利的上升量大于少数和弱势群体福利的下降量?此种公共资源配置方法的适用范围应该是多大?比如把一个同学的钱拿走分给大家,似乎也体现了效用主义原则,但有哪里不对?这里可突出一定的"喜剧"效果,可以从点名册里随机点到一个同学的名字,营造课堂的轻松气氛,吸引大家的注意力。

第三步:对比知识点。鉴于效用主义的缺点,引入衡量公共利益的另外一种主要方法——帕累托标准,即首先关注不使任何人的境况变坏,再使至少一个人的境况变得更好,进而介绍帕累托标准首先关注不让成员受损,然后再关注让成员受益。让学生再思考该原则,即不让任何人受损在实践中的可行性,并让学生对该原则"缺乏效率,难以执行"的批判观点进行思考。由此,引发学生思考是否是这样?在什么条件下该批判成立?然后举例说明每一次商品买卖都符合这一原则,因为卖家和买家如果有一方受损,交易就不会发生。通过转折的方式继续吸引学生的注意力。

第四步:切入英国案例。联系知识点,开始引入英国抗击疫情过程中奉行的"群体免疫"原则,并表示当时听到英国执行这样政策的时候,自己并不吃惊,因为这非常典型地体现了英国公共部门长期奉行的"效用主义"原则。而这一原则运用的抗击疫情过程中,牺牲的是生命。同时引入英国人口、群体免疫理论感染人数、新冠病毒死亡率等数据,让学生计算假使英国完成群体免疫所付出的人口死亡代价。由此,提升案例的信服力和震撼力。基于这些数据,让学生继续讨论哪些人群更可能被牺牲,这样的公平性和合理性在哪里。继续讲授英国推行群体免疫不但没有实现期望的结果,反而造成了英国疫情的进一步恶化。这不但使英国经济难以重启,还给世界人民带来了伤害。

第五步：案例比较。继续联系知识点，对比不同的抗疫政策。中国采取的是体现帕累托标准的"应收尽收、应治尽治"的抗击疫情的方针，把人民生命安全和身体健康放在第一位，首先保证公众不从中受损，进而遏制疫情大面积扩散，率先实现了经济重启。

第六步：中外案例解析。在更广泛的范围内、更长期的时间线上，西方国家公共部门奉行的"效用主义"，表面上是促进大部分群体福利的上升，但是实际上只为在任何情况下都不会被牺牲的特殊利益群体，而非为全体公众，所服务的一种制度设计。

与之对应的是，我国公共部门在参与资源分配过程中遵循的帕累托标准——首先不让公众利益受损，然后再考虑有群体从中受益。长期来看，更能坚守公平和正义底线，而非关注短期效用的提升，实现了公共资源更有效率的配置。

（五）案例反思

引导学生思考，我国公共部门是在中国共产党领导下为不断满足人民对美好生活的需要服务的，并且在不断增强人民的获得感、幸福感、安全感方面具有制度性优势。

这一案例在教学中收效良好。通过这国际比较案例的学习，让上课学生进一步坚定制度自信，培养爱国情怀，成为中国特色社会主义事业的合格建设者和可靠接班人。

三、结　论

首先，要注重提升课程思政意识。这意味着需要深入理解思政教育的重要性，并明确其与经济学教育相融合的理念，从而自觉地在国际比较视野下挖掘公共经济学中的思政元素，将其自然地融入教学过程中。通过这种方式，不仅可以传授专业知识，还能引导学生树立正确的价值观，培养他们的社会责任感。这也有助于提高课程的吸引力和教学效果，实现知识传授与思政元素的有机统一。

其次，要注重挖掘思政元素。公共经济学涉及政府参与资源配置、公共品供给、税收制度、社会保障等知识点，这些内容与思政元素有着紧密的联系。因此，经济学专业的老师需要围绕知识点，挖掘蕴含丰富思政元素的国际比较案例，如政策背后的公平问题、公共品供给中的政府责任等。将这些案例与知识点进行有机结合，可以帮助学生更好地理解经济学原理，同时使学生从思政角度思考经济问题，增强思辨能力和社会责任感。

最后，要创新教学方式方法。教学方式方法的创新，是提高公共经济学教学质量和效果的重要途径。在引入国际比较视野下课程思政案例的过程中，老师需要综合运用好多样化的教学方法，如案例分析、小组讨论、角色扮演等，以激发学生的学习兴趣和参与度。这些教学方法不仅可以促进学生主动参与到课堂中，更好地理解和掌握公共经济学知识,而且能够从更综合的视角引发学生的兴趣,让学生更全面地了解比较的过程,进而提升课程思政元素润物无声的育人效果。

参考文献

[1] 高佳,宋戈,吕晓,等."公共经济学"课程思政教学改革实践[J].高教学刊,2023,9(19):31-34.

[2] 袁丹,梅晓红.课程思政背景下的专业课教学实践与路径探索——以"公共经济学"课程为例[J].对外经贸,2023(7):137-140.

[3] 王田苗,刘洪英."公共经济学"课程思政建设探索[J].对外经贸,2022(8):96-99+115.

课程思政视角下高校金融类课程研究现状及趋势

徐迎迎

摘要：通过金融类专业课的思政教学提升学生全面素质，对建设中国特色社会主义经济具有重要意义，但是金融类专业的课程思政建设研究相对不足。对课程思政视角下高校金融类课程研究领域的相关文献进行收集与归纳分析，可以发现相关主题是目前的研究热点，然而存在着针对具体专业课程的研究较少、教学手段创新不足等问题。金融类课程与思政教育的融合作为中国特色社会主义经济发展的必然要求，未来应当进一步深化研究，更好地以研促教。

关键词：思政课程；金融；思政教育；文献计量

一、引　言

习近平总书记在全国高校思想政治工作会议上强调：做好高校思想政治工作，……，其他各门课都要守好一段渠、种好责任田，使各类课程与思想政治理论课同向同行，形成协同效应。金融是实体经济的血脉，"成为推动经济社会发展的重要力量"。金融与实体经济密不可分，二者相互促进、相辅相成。习近平总书记强调要大力培养、选拔、使用政治过硬、作风优良、业务精通的金融人才，这也是金融类专业开展金融教育的根本任务。金融类专业学生的培养是建设中国特色社会主义经济的关键，也是我国实体经济发展的重要一环。目前，高校中开设的金融类课程数量较多，选课学生的规模也较大，课程的未来社会应用面较广。因此，金融类课程的思政改革应当走在前列，以实现价值引领、知识传授和能力培养"三合一"的金融人才培养目标[1]。

我国的金融市场建设正经历前所未有的快速发展，对外开放力度也在逐渐加大。在此种背景下，经济金融的健康发展更加需要高素质金融人才的涌现，这对高等院校金融人才的培养提出了更高要求。金融从业者的高素质既表现在人才的硬实力方面，也表现在人才的软实力方面。尽管发展速度很快，但是我国的金融市场仍然不够完善。随着我国金融开放步伐的加快，在增强学生理论素养的同时，全面提升学生的金融道德修养、思政素养，进而增强金融市场的理性，已经成为我国高校金融类课程思政教育的一个主流趋势。

自2004年以来，国内先后出台了一系列关于加强和改进未成年人思想道德建设和大学生思想政治教育工作的文件。如2014年,上海市委、市政府印发了《上海市教育综合改革方案(2014—2020年)》,逐步探索从思政课程到课程思政的转变。挖掘专业课程思想政治教育资源成为高校落实课程思政理念的重要举措。加强高等院校的思政教育工作,须从国家意识形态的战略高度出发,抓住课程改革核心环节,将思政教育理念贯穿于教学的全过程,发挥课程育人功能。课程思政的建设需要在课程教育的全过程中融入价值观、人生观、世界观的教学内容,引导学生的价值取向,由此构建大思政教学体系。通过全过程思政教育,不断提升学生的道德意识和道德修养,与思想政治理论课形成协同效应,这为高校专业课的思政改革指明了方向。首先,课程思政需要在专业内容上充分融合思政元素。其次,全程育人与全方位育人的育人理念强调课程思政教学环境应具备全面性和持续性。随着互联网技术水平的提升和线上教学方式的丰富,如何在当前环境下加强金融类课程思政的建设,与思政课程形成协同效应,已经成为金融类课程教学的重要议题。

基于此,本文对课程思政视角下高校金融类课程研究领域的相关文献进行收集与归纳分析,关注该领域的研究现状及发展趋势,为高校课程思政建设提供借鉴和依据。

二、数据来源和研究方法

(一)数据来源

本文以中国知网作为主要的文献来源,通过检索"课程思政+金融"关键词,共获取509篇相关文献。进一步,对检索到的文献进行人工筛选,剔除与主题不符的论文,共获得有效文献317篇,发表于2018年—2023年8月。本文将对这部分论文的关键词、时间变化趋势等进行统计分析和知识图谱的构建。

(二)研究方法

本文利用Citespace软件对论文进行文献计量分析,主要是对论文作者、科研单位、关键词等重要信息的图谱进行展示与分析,以反映金融类课程思政研究的现状与发展趋势。

三、研究结果分析

(一)发文量的时间变化

通过对金融类课程思政领域年度论文发表数量的对比分析可以发现,在2014年上海市委、市政府率先提出课程思政概念之后,金融类课程思政的相关研究到2018年还是很少的,仅有12篇。直至2020年,金融类课程的课程思政研究才跃上新台阶,达到了57篇,并在2021—2023年保持着一定的研究热度(如图1所示)。由此可见,随着课程思政整体研究的不断深入,针对金融类课程思政的研究也会进一步加深。

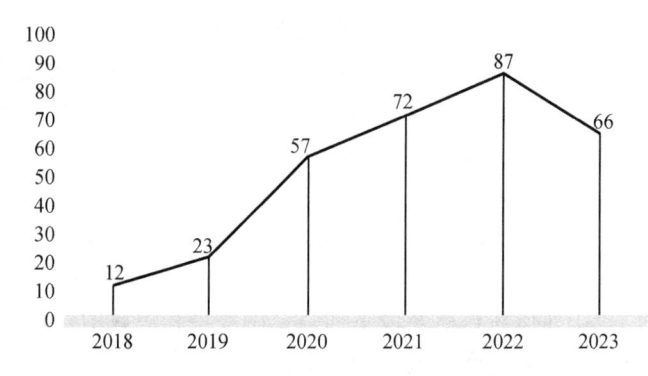

图1　2018—2023年金融类课程思政各年度发文量

(二)研究热点与关键词聚类

通过关键词的共现和聚类形成的知识图谱,可以反映出金融类课程思政研究总体内容特征的发展脉络及趋势。通过对317篇相关文献进行可视化分析,本文对生成的关键词聚类知识图谱进行了分析与总结,如表1所列。

首先,表1总结了相关研究的高频关键词。通过对317篇相关文献的关键词进行共现分析,可以看到出现频次最高的是本研究的关键词——"课程思政"(309次)。其次,"教学改革"(58次)、"金融学"(43次)、"教学设计"(28次)、"思政元素"(26次)、"金融专业"(15次)、"立德树人"(13次)、"高职院校"(13次)出现的次数也较多,表明我国金融类课程思政研究的核心仍在于金融学这一个学科或者专业,其中落实课程思政的核心在于教学改革和教学设计,将思政元素引入到课程中。关键词也显示出,课程思政的目的在于立德树人[3],而目前高职院校对此类研究的关注度相对较高。

表1　金融类课程思政研究领域关键词

频　次	中心度	关键词
309	1.68	课程思政
58	0.06	教学改革
43	0.08	金融学
28	0.02	教学设计
26	0.01	思政元素
15	0.00	金融专业

续表 1

频次	中心度	关键词
13	0.01	立德树人
13	0.02	高职院校
11	0.02	高职
10	0.02	思政教育
9	0.00	财务管理
9	0.00	协同育人
9	0.00	教学实践
7	0.00	人才培养
7	0.00	三全育人
6	0.01	思政建设
6	0.04	投资学

此外,中心度代表不同关键词节点在整个知识图谱中的中介能力。因此,某词中心度的值越高,代表其共现关系越强,越能够显示其在金融类课程思政研究中的重要程度。因此,根据表1,可以推知"课程思政""金融学""教学改革""投资学""教学设计""高职院校"和"高职"等词在金融类课程思政研究中占据重要地位。

本文进一步基于知识图谱中的关键词节点的面积分析金融类课程思政研究领域的热点问题。图2中的不规则圆形区域代表着核心关键词,面积越大,代表关键词在金融类课程思政研究中的热度越高。此外,图2给出了根据关键词的分类,能够体现其他关键词与某一核心关键词的联系。根据图2,可以看出金融类课程思政研究的核心划分为11个。第一,以课程思政为核心的实施路径、典型案例、教学体系探讨。例如,e租宝、垄断、市场失灵等相关领域或案例的研究。第二,围绕金融学展开的思政元素挖掘、课程改革设计等,相关的课程包含国际贸易、信用、实训等。第三,以教学改革为核心的教学理念、教学方法研究,涉及金融科技、金融数学、投资学等课程。第四,围绕高职院校展开的金融专业研究,此类研究关注课程思政立德树人、协同育人、培养学生工匠精神的功能[4]。第五,围绕人才培养展开的专业建设、专业教学和专业教师建设研究,此类研究关注从三全育人和五育并举。第六,以教学设计为核心的高等教育研究,关注教学效果、思政素材和网络教学。第七,研究展开思政教学的相关课程,如宏观经济学、保险学等。第八,针对高职院校开设的一些课程的研究,如国际金融、网络借贷、众筹等。第九,围绕教学实践展开的实务类课程的优化措施研究。第十和十一更加关注具体的课程。

通过以上分析可以看出,在金融类课程思政的热点领域中,受关注的不仅是对课程思政素材的挖掘,也包括专业和课程的建设。但是通过对研究热点的分析也可以

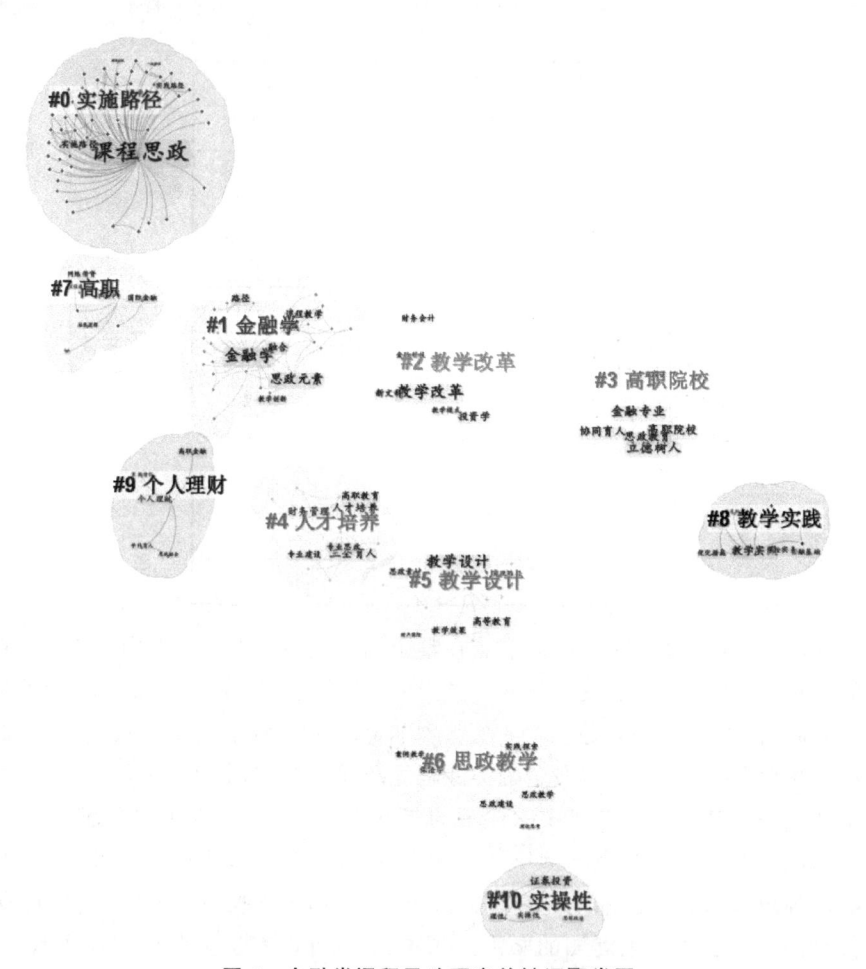

图 2　金融类课程思政研究关键词聚类图

发现,目前金融类课程的课程思政研究还没有充分实现不同课程之间的交叉,对思政素材的挖掘尚不够深入和丰富。

(三)关键词的时间线分布

关键词的时间线图谱有助于梳理聚类之间的联系和相互影响的发展脉络,能够体现每个聚类中关键词的发展情况。根据图 3 的时间线图谱,截至 2023 年 8 月,金融类课程思政的研究形成了实施路径、金融学、教学改革、高职院校、人才培养、教学设计、思政教学、高职、教学实践的波士顿矩阵。我国有关金融类课程思政的研究就是围绕这些聚类展开的。时区图谱从整体上反映了金融类课程思政研究的路径发展与变化。自 2018 年课程思政开始在财务管理领域得到重视之后,相关的研究成果不断积累。2019 年,对思政元素的挖掘和教学设计得到关注。2020 年,对金融学专业或课程的研究得到进一步强化。从 2021 年开始,相关研究更加关注课程思政的效果,即在立德树人、人才培养方面的表现,并据此优化了相关的教学理念和评价。从2022年开始,在"新文科"的大背景下,相关研究注重对金融类课程思政的实践探索、理实互容等。

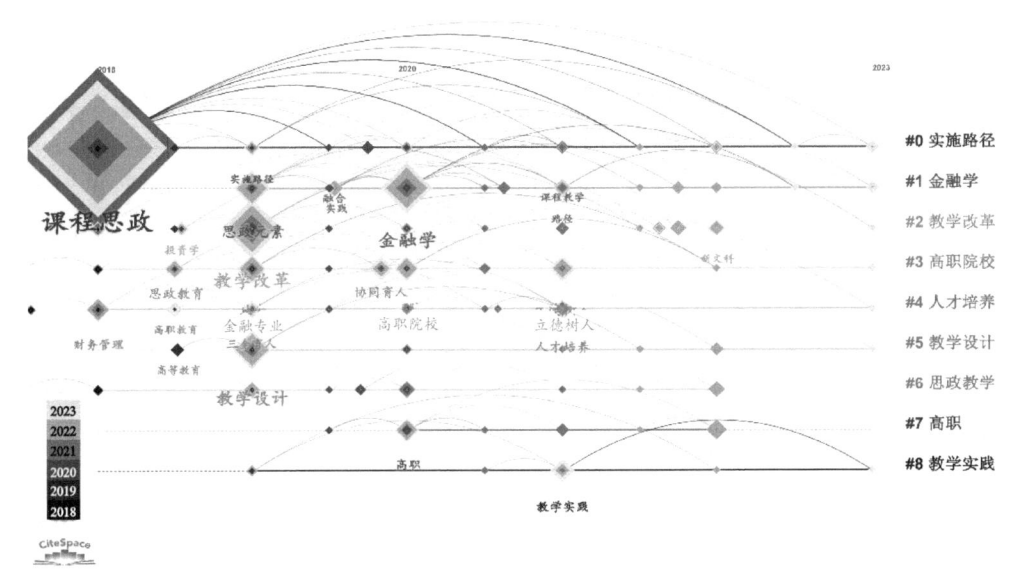

图3 金融类课程思政研究领域关键词时间线

(四) 金融类课程思政的研究前沿

研究趋势代表着某一研究领域的思维动向,在其中会突现一系列的动态概念和潜在问题,能够反映前沿研究的发展动向。为对突现性词语进行分析和探测,本文根据词汇频率和变化趋势,共提取了8个突现词(见表2)。

表2 金融类课程思政研究关键词突现词

关键词	强度	起始年	结束年
案例教学	1.27	2018	2019
财务管理	0.85	2018	2019
证券投资	0.81	2019	2020
课程改革	1.22	2020	2021
思政建设	1.14	2020	2021
专业思政	0.91	2020	2021
教学方法	0.91	2020	2021
教学创新	0.53	2021	2023

根据表2,可以将金融类课程思政的研究前沿总结为以下4个方面。

(1) 案例教学、财务管理。自2018年金融类课程思政的相关研成果究发表以来，最先出现的突现词就是"案例教学"和"财富管理"，分别体现了金融类课程落实课程思政的首要手段和领域。案例教学一直是金融类课程教学的重要方法，能够充分联系实际，使原本较为晦涩、难懂的专业词汇和专业理论更易于被学生理解，同时也能够提升学生"理论联系实际"的能力。因此，案例教学仍然是将课程思政落实到金融课程教学中的一个核心手段。

在金融学课程思政的建设过程中，应当重视充分融入带有思政元素的教学案例和教学课件。一方面，结合案例的历史背景，挖掘案例中的金融知识与思政内容，更有助于学生理解和掌握课程所授专业知识当中蕴含的丰富思政元素，能够于无形中培育学生的社会主义核心价值观与人生观，同时紧密结合国家发展需要与个人理想，培养学生分析问题、解决问题的全面能力。另一方面，财务管理是金融类课程体现课程思政较好的开创领域，也是较早关注课程思政并发表相关研究成果的课程。财务管理的相关课程包含金融学、投资学等多方面的知识，能够为工商管理、金融等领域培养从事金融管理、财务等工作的专门人才。未来，财务管理领域的课程思政建设还将是一个重要的研究领域。

（2）证券投资。2019 年，"证券投资"成为新的突现词，这一领域也是金融类课程思政研究的一个重要领域。证券投资是"投资学""保险学""财务管理"等课程的重要研究内容。在遵循相关课程专业教学的基础性要求的同时，证券投资也因其社会广泛性、未来不确定性等特征而成为学生密切关注的一个话题。金融类专业的许多学生未来或从事证券投资相关工作，或个人参与证券投资，"证券投资"作为突现词体现了金融类课程思政关注的焦点。与证券投资相关的伦理道德教育、思政文化建设，有助于促使学生在未来的职业生涯和投资理财中坚守法律法规和国家社会利益底线，有助于提升学生在投资活动中的社会责任担当意识，以及科学理性投资的能力。随着我国金融类课程思政建设的深入，未来还将涌现新的关键课程。

（3）课程改革、思政建设、专业思政、教学方法。这些关键词都出现在 2020 年，代表金融类课程引入、落实、体现课程思政的重点方法。方法的不断更新有助于思政与专业课的深度结合。课程思政在金融类专业课教学中的专业引导、思维构建与训练、比较与鉴别等重要功能的实现，有赖于这些方法。在课程思政与专业知识融合的过程中，融合是核心，挖掘是重点。因此，通过改进教学方法促进课程思政建设等成为有效的手段。

（4）教学创新。该词于 2021 年作为突现词出现，并一直持续到最新的研究中。这与 2020 年初开始的新冠疫情密切相关。疫情时期，线上线下相结合的教学方式变得十分普遍，如何创新教学方式，融入思政内容，培养学生的独立思考能力，成为教学重点和难点。相关的研究涉及教学理念、教学方法、教学目标、教学内容等的创新。随着教学手段的不断丰富，教学创新仍将是金融类课程思政研究的一个重要方向。

四、结 论

本文运用文献计量分析方法,对中国知网中有关金融类课程思政的研究进行了整理与分析,对文献特征、热点话题、前沿趋势等进行了系统的梳理。主要结论如下:

(1)文献特征方面,我国金融类课程思政的研究在2018年后涌现,并在2022—2023年达到一个高峰,目前仍是研究热点,但论文的发表数量和质量还有进一步提升的空间,这也反映出该领域的研究有待进一步深入。

(2)研究领域方面,金融类课程思政的研究热点包含课程思政、教学改革、教学设计、思政元素等。近年来,更多的研究关注到了证券投资等领域,并更加注重教学创新,但针对更加具体的金融类专业课的研究仍然较少。

(3)教学方法方面,案例教学等仍是主要的手段,现有研究较为关注线上线下等教学方法的融合。

金融是实体经济的血脉,金融类课程思政的建设对于培养未来的金融业从业人才具有重要的意义。因此,这决定了金融类课程与思政教育的融合是中国特色社会主义经济发展的必然要求,进一步深化该领域的研究和探索就显得尤为重要。

参考文献

[1] 王伟,黄颖.讲好金融故事:"金融学"课程思政改革的有效路径[J].思想理论教育导刊,2021(3):112-116.

[2] 陈文婧.高职院校《证券投资分析》课程思政教学改革——学做独立思考的理性投资人[J].商业经济,2019(4):191-193.

[3] 柯翌娜.课程思政视角下保险学课程改革探索[J].山西财经大学学报,2019,41(S2):107-108.

[4] 孔德兰,王玉龙.高职院校课程思政建设的问题及路径[J].中国职业技术教育,2021(23):14-18.

核心技术买不来　自主创新是出路
——"国际经济学"课程思政建设案例

牛朝辉　胡庆江

摘要：课程团队"国际经济学"课程中"要素禀赋理论及其拓展"一节的课程思政建设案例，基于要素禀赋理论，通过研讨式教学、案例教学的方法，深入分析中美贸易逆差的重要影响因素之一，即美国对中国的高技术封锁。并通过进一步分析美国对华为制裁的案例，以及中国通过自主创新在高铁发展中取得的成就，呼应"核心技术是买不来的"和"自主创新发展战略"，以激发学生的"四个自信"，培养"四个意识"，以及强国有我的使命担当。

关键词：课程思政；国际经济学；要素禀赋理论；四个自信；四个意识

"国际经济学"课程是在西方经济学理论基础上研究国际范围内的资源配置和管理、治理问题，涉及国际格局下资源配置和利用的决定因素及传递机制，分为国际贸易理论和国际金融理论两部分。课程团队发掘课程中的思政元素，将其融入课程教学当中。教学特点包括：混合式、多维度、双通道的教学设计，强创新性、多互动的"四位一体"教学方法，海量、优质的教学资源，全过程、多元化的课程评价方式。教学团队近5年获得国家级、北京市等各级教学相关奖项20多项。本文以教学中的即"要素禀赋理论及其拓展"一节为例，展示课程团队在教学中的课程思政实践及其效果，为其他经济类课程开展课程思政提供借鉴。

一、课程开展思政教学总体思路及课程蕴含思政元素分析

（一）课程思政教学总体思路

"国际经济学"课程采取线上和线下相结合的教学模式。线上教学包括慕课学习、北航SPOC平台互动讨论、课程思政微视频观看和前沿资料分享。线下教学以案例教学、课堂讲授、研讨式教学、辩论式教学等方式进行翻转课堂教学。在教学中，结合每个知识点的课程思政元素开展课程思政教育，通过探历史、讲案例、办辩论、寻方案等多种方法，达到润物细无声的课程思政育人效果[1]。本课程的课程思政教学总体设计思路如图1所示。

课程团队将课程思政目标定为提高学生的"四个自信"和"四个意识"。"四个自

信",即对中国特色社会主义的道路自信、理论自信、制度自信、文化自信。关于道路自信,通过回顾中国改革开放以来的经济成就,以及在新冠疫情防控中取得的成功等,提高学生对发展方向和未来命运的自信。关于理论自信,通过分析中国特色社会主义理论中关于对外开放的内容,提高学生对马克思主义理论,特别是中国特色社会主义理论体系的科学性、真理性的自信。关于制度自信,通过对比我国及其他一些国家应对金融危机、WTO改革、新冠疫情防控等问题的措施及成效,增强学生对中国特色社会主义制度优势的自信。关于文化自信,通过比较我国和其他国家或地区领导人对于国际争论问题的表述,提高学生对中国特色社会主义文化先进性的自信[1]。

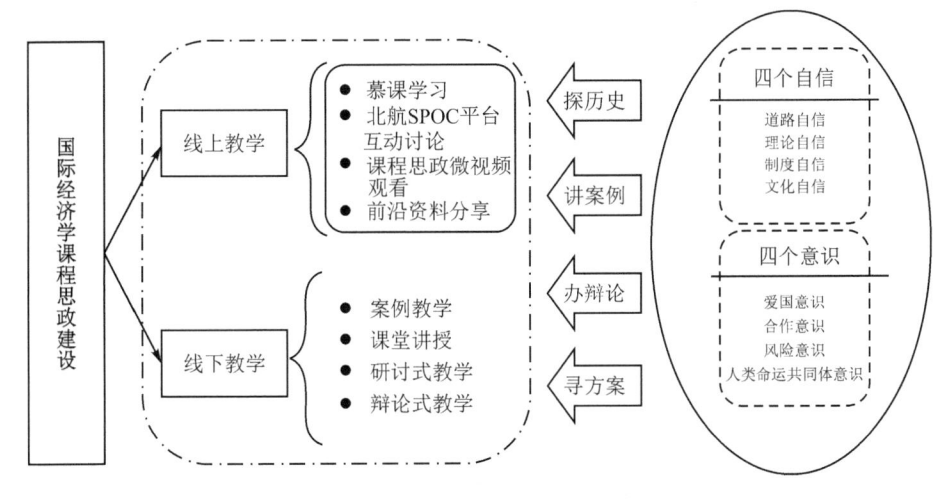

图 1 "国际经济学"课程思政总体设计

"四个意识"是指爱国意识、合作意识、风险意识、人类命运共同体意识。关于爱国意识,引导学生坚持正确的历史观、民族观、国家观、文化观,增强对祖国的归属感、认同感、尊严感与荣誉感。关于合作意识,通过小组案例报告、辩论等项目式学习方法,提高学生的协作能力、责任意识和担当意识,明确国家之间合作的必要性。关于风险意识,通过讲解和分析国际时势等,教育学生树立总体国家安全观,重视经济、科技、资源、产业等领域的风险和问题。关于人类命运共同体意识,通过讲述对外开放的基本国策,加强学生对国际权力观、共同利益观、可持续发展观和全球治理观的理解。

(二)课程思政元素分析

本课程的思政元素来自国家对外开放的战略与政策、相关影视作品、学科发展史、知名学者成长故事、社会热点、教师个人经历,以及失败的教训、警示性事件或问题等。课程团队制定了各章节的"课程思政元素清单"[2],如表1所列。

表 1　各章节课程思政元素清单

章　节	思政元素及教学方法	价值目标
1. 绪论	图表展示：中国与世界经济	"四个自信"、爱国意识
2. 古典贸易理论	1. 案例：北斗导航产业的跟跑、并跑和领跑 2. 研讨：中国道路的"比较优势" 3. 研讨：对特朗普"新重商主义"的批判	理想信念、爱国意识、创新卓越意识
3. 要素禀赋理论及其拓展	1. 案例：《科技日报》系列报道"是什么卡了我们的脖子" 2. 研讨：经济全球化需要什么样的人才 3. 辩论：国际贸易中品牌/质量更重要 4. 研讨：特朗普提出"美国从中国进口钢铁致钢铁工人失业，因此应惩罚中国"的合理性	创新卓越意识、担当意识、爱国意识、风险意识
4. 新贸易理论	1. 案例：基于外部规模经济理论对比中日汽车产业发展 2. 研讨：特朗普提出的"制造业回归"是否合理	爱国意识、创新卓越意识
5. 新新贸易理论	1. 案例：国产手机品牌的发展：华为与金立 2. 案例：苹果手机生产的全球附加值	爱国意识、创新卓越意识
6. 经济增长与国际贸易	1. 案例：中国为什么要限制稀土出口 2. 研讨："荷兰病"与资源城市的转型	理想信念、创新卓越意识
7. 关税壁垒	1. 案例：中美贸易战与中美关系 2. 辩论：抵制外国商品利大于弊/弊大于利	理想信念、爱国意识、担当意识
8. 非关税壁垒	案例：中国反倾销胜诉第一人曹德旺	合作意识、创新卓越意识
9. 国际贸易保护理论	1. 研讨：中美贸易战与"双循环"发展格局 2. 辩论：自由贸易有利于/不利于发展中国家经济发展 3. 案例：波音空客补贴大战	风险意识、人类命运共同体意识
10. 区域经济一体化	1. 案例：欧盟发展历史 2. 辩论：英国脱欧有利于/不利于英国经济发展	合作意识、人类命运共同体意识
11. WTO 与多边贸易体系	1. 案例：新冠疫苗贸易 2. 研讨：WTO 改革的影响	风险意识、合作意识、人类命运共同体意识
12. 国际收支	案例：中美国际收支对比	道路自信、制度自信、爱国意识

续表 1

章　节	思政元素及教学方法	价值目标
13. 外汇与汇率理论	1. 研讨：人民币的国际化 2. 案例："广场协议"及其影响	风险意识、人类命运共同体意识
14. 国际收支失衡调整	1. 研讨：马歇尔-勒纳条件能否改变中美贸易不平衡 2. 案例：美国次贷危机及其影响	道路自信、制度自信、风险意识、人类命运共同体意识
15. 宏观经济内外均衡	1. 案例：亚投行研究 2. 案例：RCEP 研究	合作意识、人类命运共同体意识
16. 开放条件下宏观经济政策效果	1. 研讨：从新冠疫情事件看国际经济非均衡传导 2. 案例：1997 年东南亚金融危机、2008 年美国金融危机	风险意识、合作意识

二、课程思政案例展示

（一）案例教学设计

1. 课程思政教学思路

（1）理论——应然分析：讲述要素禀赋理论的内容，加深学生对中国特色社会主义对外开放之路的理解。

（2）现实——实然分析：介绍要素丰裕度和要素密集度的概念及计算方法，基于世界各国真实数据，让学生运用核心指标解释中国在世界经济中的地位，纵向看到中国的进步，横向比较看到目前的差距，以激发学生的使命担当。关于"四个自信"、爱国意识、风险意识，通过中美日益扩大的逆差规模，引出美国对中国高科技产品的出口限制。

（3）剖析——升华主题：运用图表，结合华为的案例，生动直观地呈现美国对中国核心技术发展的限制情况。结合习近平总书记提出的"核心技术是买不来的"观点，以及中国自主创新在高铁发展方面取得的成就，通过课堂研讨，引导学生得出自主创新是出路的结论，从而激发其爱国意识、风险意识及人类命运共同体意识。

（4）小结——归纳总结：总结并引出下一节内容，通过总结与升华，加深学生对本节课程思政内容的印象。具体如图 2 所示。

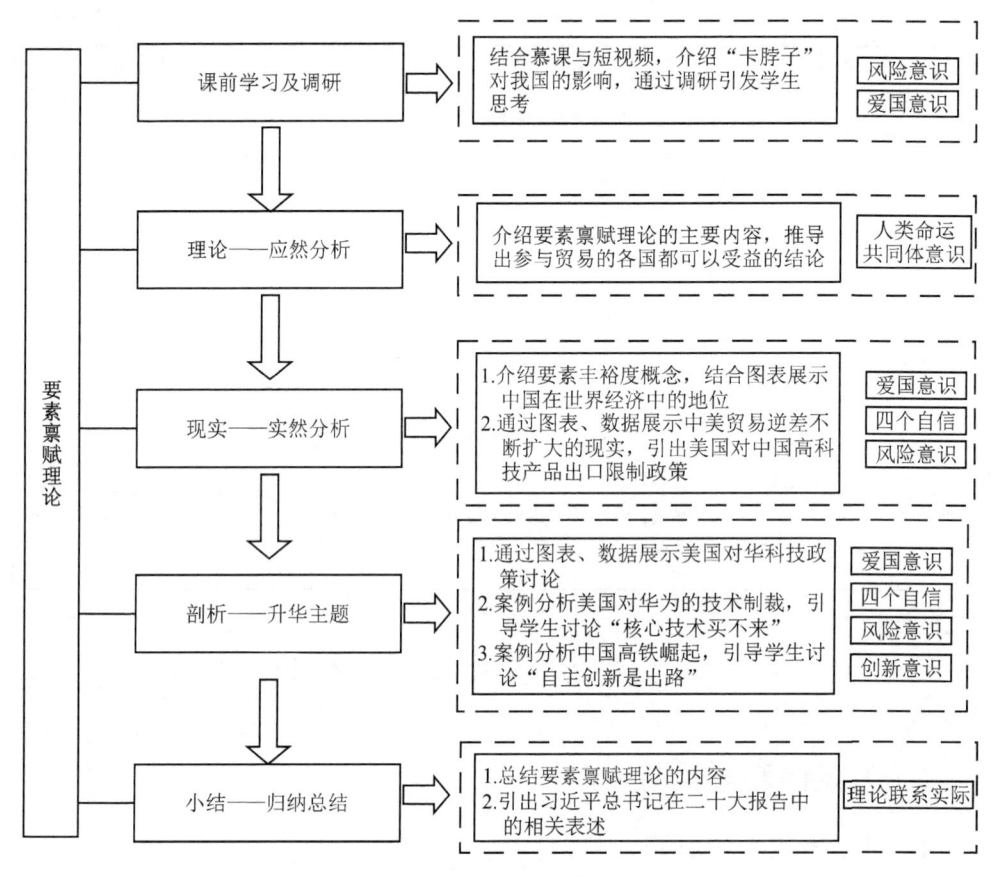

图 2 案例教学设计

要素禀赋理论：

- 课前学习及调研 → 结合慕课与短视频，介绍"卡脖子"对我国的影响，通过调研引发学生思考 ｜ 风险意识 ｜ 爱国意识
- 理论——应然分析 → 介绍要素禀赋理论的主要内容，推导出参与贸易的各国都可以受益的结论 ｜ 人类命运共同体意识
- 现实——实然分析 → 1.介绍要素丰裕度概念，结合图表展示中国在世界经济中的地位 2.通过图表、数据展示中美贸易逆差不断扩大的现实，引出美国对中国高科技产品出口限制政策 ｜ 爱国意识 ｜ 四个自信 ｜ 风险意识
- 剖析——升华主题 → 1.通过图表、数据展示美国对华科技政策讨论 2.案例分析美国对华为的技术制裁，引导学生讨论"核心技术买不来" 3.案例分析中国高铁崛起，引导学生讨论"自主创新是出路" ｜ 爱国意识 ｜ 四个自信 ｜ 风险意识 ｜ 创新意识
- 小结——归纳总结 → 1.总结要素禀赋理论的内容 2.引出习近平总书记在二十大报告中的相关表述 ｜ 理论联系实际

2. 教学方法

本案例主要涉及三种教学方法，即研讨式教学、案例教学与课堂辩论。下面重点介绍研讨式教学、案例教学。

（1）研讨式教学。在本案例中，从美国主要向中国出口技术密集型产品的现实，引导学生分析可能存在的风险，继而深入讨论美国对中国高科技产品出口限制的影响。课程研讨能够调动学生的积极性，提高其理论联系实际和透过现象看本质的能力，使学生更加关注时事政治，激发爱国主义情怀，增强风险意识。

（2）案例教学。在本案例中，通过分析美国对华为的技术制裁，以及中国高铁发展案例，融入课程思政元素，以鲜活的案例、翔实的数据、直观的图表激发学生的风险意识、爱国意识，以及对中国的道路自信、理论自信、制度自信、文化自信。

(二) 案例教学实施

1. 课前：线上 MOOC 及短视频学习、学情调研

课前的教学环节主要包括两方面：

首先，提前发布课前学习资源，在北航在线教学平台（SPOC）发布慕课视频以及短视频《中国经济大讲堂："卡脖子"给我们的教训》，使学生了解课程内容，以对中美技术竞争有初步的认识和思考。

其次，利用问卷星发放调查问卷《你如何看待"卡脖子"技术对我国的影响》，通过问卷引发学生的思考。根据学生的反馈信息，有针对性地搜索相关文献、资料、统计数据并用于课堂。

2. 课中：教师讲解及翻转课堂

课中内容主要包括四个方面：应然分析、实然分析、案例剖析、本节小结。

(1) 应然分析

介绍要素禀赋理论的内容，即一国总是出口生产过程中密集使用该国充裕性生产要素的产品，进口密集使用本国稀缺性生产要素的产品。参与贸易的各国都会受益。通过图形和逻辑推导理论内容，为后续理论联系实际的教学设计奠定基础。

(2) 实然分析

通过三组数据和资料，结合要素禀赋理论的内容进行讲解。

① 要素丰裕度的概念与我国现实

第一，通过 PPT 展示要素丰裕度的概念，即针对国家而言，一国所拥有的两种生产要素的相对比例。讲述其具体度量方法并举例。

第二，展示世界主要国家的劳动力数量、资本、技术的情况（如表 2、表 3、表 4 所列），通过实例加深学生对概念的理解，激发其兴趣。同时，也使学生对中国在劳动力、资本、技术等方面的国情有深刻认识，培养学生的家国情怀。

表 2　2021 年世界劳动力数量最多的国家

序　号	国家/地区	劳动力数量/亿人
1	中国	7.920 81
2	印度	4.712 96
3	美国	1.647 95
4	印度尼西亚	1.391 65
5	巴西	0.994 282
6	巴基斯坦	0.737 8
7	俄罗斯	0.717 666
8	孟加拉国	0.698 163
9	日本	0.682 21
10	尼日利亚	0.644 793

表3　2021年世界主要国家资本占GDP比例

国　家	资本占GDP比例/%
中国	43.37
韩国	31.86
挪威	30.31
奥地利	25.90
日本	25.41
瑞典	24.77
法国	23.81
丹麦	22.93
新西兰	22.35
澳大利亚	22.27
加拿大	22.26
美国	21.15
德国	21.15
西班牙	20.69
意大利	17.70
英国	16.72

表4　2019年世界主要国家研发投入占GDP比例

国　家	研发投入占GDP比例/%
韩国	4.63
瑞典	3.39
日本	3.20
德国	3.17
美国	3.17
比利时	3.16
瑞士	3.15
奥地利	3.13
丹麦	2.89
芬兰	2.80
中国	2.24
法国	2.19
荷兰	2.18

第三,课堂练习。让学生结合要素丰裕度的概念,对中国、美国、印度等国家的要素丰裕度进行计算和讨论。通过练习,使学生熟练掌握要素丰裕度的计算方法,从而应用要素丰裕度分析现实问题。

第四,课堂提问。基于要素禀赋理论的内容,中美之间应如何开展贸易?由此引发学生的思考,为下一组图表的展示做铺垫。

② 从美国对中国的贸易逆差情况到美国对中国高技术出口限制

首先,展示美国对中国的贸易逆差情况。通过现实中的数据加深学生对中美贸易总体情况的认识。具体如图3所示。

其次,课堂研讨与思考。中美两国的贸易逆差不断扩大与要素禀赋理论的结论不一致,由此展开课堂研讨,让学生思考美国对华贸易逆差为何不断扩大?结合要素禀赋理论的假设,现实与哪一个假设有出入?通过课堂研讨与思考,引发学生思考,并引出美国对华高科技出口的限制。

单位：亿美元

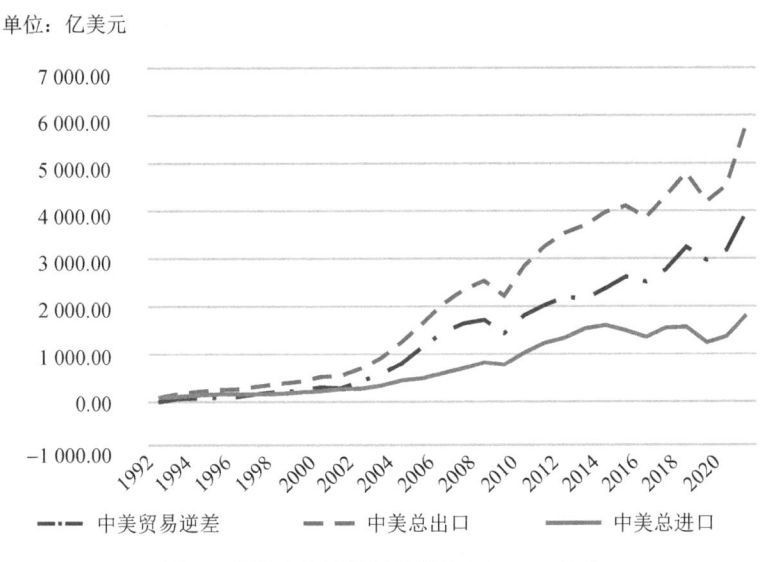

图3 美国对中国的贸易逆差（1992—2021）

③ 美国对华科技政策讨论

首先，展示美国国会、政府及重要智库发布的450份对华政策文件和研究报告。其中，聚焦中国科技的比例逐年上升[3]，如图4所示。

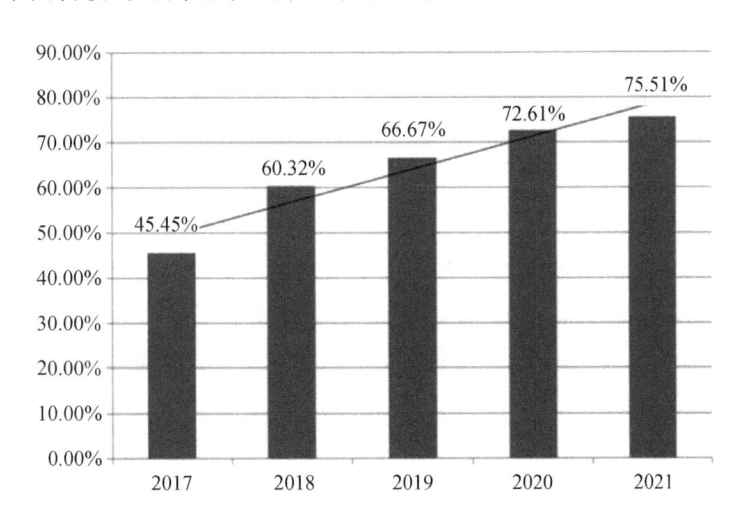

图4 聚焦中国科技及中美科技关系主体的文件与报告占比与趋势

然后，展示美国发布的技术出口限制清单，几乎覆盖"中国制造2025"和"十四五"规划中提及的优先发展领域，如表5所列。通过深入讨论美国对华科技政策，呼应"核心技术是买不来的"和我国的自主创新发展战略，以激发学生的创新卓越意识、担当意识、爱国意识、风险意识。

43

表 5 中国重点发展领域与美国重点管控领域

中国重点发展领域	美国重点管控领域
新一代信息技术产业	先进计算
高档数控机床和机器人	先进工程材料
航空航天装备	先进燃气轮机发动机技术
海洋工程装备及高技术船舶	先进制造
先进轨道交通装备	先进网络感知和特征管理
节能与新能源汽车	先进核能技术
电力装备	人工智能
农机装备	自主系统与机器人
新材料	生物技术
生物医药及高性能医疗器械	通信和网络技术
新一代人工智能	定向能技术
量子信息	金融技术
脑科学与类脑研究	人机界面技术
基因与生物技术	高超音速技术
临床医学与健康	量子信息技术
深空深地深海和极地探测	可再生能源发电和储能技术
	半导体与微电子技术
	空间技术和系统

(3) 案例剖析

深入分析两个案例,即美国对华为的技术制裁及中国高铁的崛起之路。通过真实鲜活的案例及课堂研讨,加深学生对于"核心技术买不来,自主创新是出路"的认识,进一步激发其创新卓越意识、担当意识、爱国意识、风险意识。

① 美国对华为的技术制裁

案例的引入通过一组图展示,梳理美国制裁华为时间线以及华为对美国技术制裁的应对措施,反映美国对中国高新技术企业的限制和制裁,进一步强调"核心技术是买不来的"[4],如图 5 所示。

然后,通过展示华为应对美国制裁所采取的措施,以及华为创始人任正非接受央视采访的视频片段(见图 6),加深学生对于"自主创新是出路"的理解。

最后,开展课堂研讨,展示课前的问卷星调研结果,并进一步讨论我国应如何应对来自美国的技术封锁。

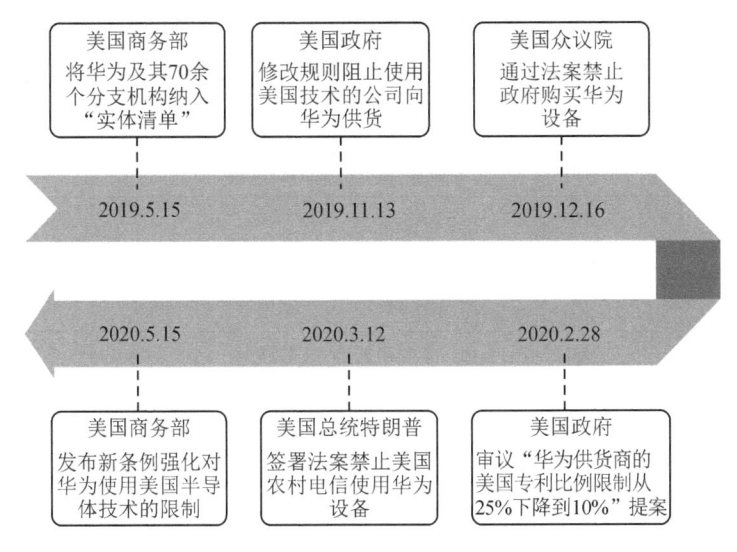

图 5 美国制裁华为时间线

图 6 华为对美国制裁的应对措施

② 中国高铁的崛起之路

讲述中国高铁生产从依赖进口到自主创新再到"走出去"的发展历程,以真实、鲜活的案例,增强学生对中国通过自主创新实现中华民族伟大复兴的信心和决心,坚定道路自信、理论自信、制度自信、文化自信。

案例的引入,首先通过多媒体展示,播放《大国重器》纪录片中关于我国高铁的视频片段。然后展示我国高铁目前出口的情况,如表 6 所列。

表6 2012—2020年中国高铁"走出去"国家情况

项目状态	主要国家	项目名称	开工时间	里程/公里	预算/亿美元
已承建或参与承建	委内瑞拉	迪阿高铁	2015	471	75
	土耳其	安伊高铁	2012	158	12
	沙特	麦加轻轨	2012	450	18
中标项目	墨西哥	墨克高铁	2017	210	44
	印尼	雅泗水高铁	2018	860	60
	老挝	昆明—万象高铁	2018	420	72
主要竞标项目	俄罗斯	莫喀高铁	2018	770	324
	新加坡	新马高铁	2018	340	112
	英国	HS2高铁	2020	539	510
	美国	加州高铁	2018	832	680

最后，总结自主创新对我国贸易的积极意义——促进要素高级化，提高生产附加价值，改善贸易条件，增加贸易利得。

（4）本节小结

引用党的二十大报告中提出的关于"加快实施创新驱动发展战略"的表述——"加快实施创新驱动发展战略。坚持面向世界科技前沿、面向经济主战场、面向国家重大需求、面向人民生命健康，加快实现高水平科技自立自强。以国家战略需求为导向，集聚力量进行原创性引领性科技攻关，坚决打赢关键核心技术攻坚战。加快实施一批具有战略性全局性前瞻性的国家重大科技项目，增强自主创新能力。"通过总结提炼本节内容，加深学生对新时代创新驱动发展战略的理解。

3. 课后：练习及课堂反馈

提出课后思考问题，发布课后阅读资料，使学生及时巩固本节所学内容，更深入地了解中国"卡脖子"技术的情况，理解原始创新的取得需要耐心和信心，并增强学生的忧患意识，立志为国家摆脱"卡脖子"困境贡献自己的力量。

课后思考问题包括：中国应如何应对美国对中国的高技术封锁？面对复杂多变的国际环境，中国应如何继续改革开放？

课后阅读资料包括：

（1）《是什么卡住了我们的脖子？》，刘亚东主编，中国工人出版社2019年出版。

（2）汤志伟、李昱璇、张龙鹏的合著文章《中美贸易摩擦背景下"卡脖子"技术识别方法与突破路径——以电子信息产业为例》，发表于《科技进步与对策》2021年第一期。

（3）卢周来、朱斌、马春燕的合著文章《美对华科技政策动向及我国应对策略——基于开源信息的分析》，发表于《开放导报》2021年第三期。

(三) 案例教学效果

首先,学生成绩提高,满意度普遍较高。教学团队对教学改革创新的效果进行的问卷调查显示:94%的学生对课程学习的效果感到满意;95%的学生认为与传统的教学模式相比,混合式教学的效果更好;96%的同学认为课程提高了本人分析和解决问题的能力。部分调查结果如表7所列。

表7 课程思政效果问卷调查结果

问 题	非常同意	同 意	一 般	不同意	非常不同意
1. 课程的学习增强了我的"四个自信"(即对中国特色社会主义的道路自信、理论自信、制度自信、文化自信)	59%	33%	6%	2%	0
2. 课程的学习增强了我的爱国意识	65%	29%	4%	2%	0
3. 课程的学习增强了我的合作意识、责任感和使命担当意识	63%	33%	2%	2%	0
4. 课程的学习增强了我的风险意识	61%	31%	6%	2%	0
5. 课程的学习增强了我的人类命运共同体意识,使我更加关爱他人	63%	27%	8%	2%	0

学生的课程平均成绩由过去的80分提升到84分,教学团队的学生评教分数平均在92分以上,学生对老师的教学投入和态度给予了高度评价。

其次,教学督导给予了高度评价。学院及学校教学督导组成员都曾莅临课堂,并对课堂的教学效果给予高度评价,称"讲课内容清楚、逻辑清晰,授课形式丰富有趣。"

最后,受到了校内外专家的充分肯定。本课程已在全球大型学分课程运营服务平台"智慧树网"成功运行了4轮,被十多所高校引进为学分课。课程教学坚持"引进来"和"走出去",课程团队成员曾在联合国亚洲及太平洋经济社会委员会、日本杏林大学等开展课程相关讲座,获得国际同行的高度肯定。

参考文献

[1] 牛朝辉,胡庆江.混合式教学模式下"国际经济学"课程思政初探[J].教育教学论坛,2023(20):26-29.

[2] 马艳艳.基于"两性一度"的《国际经济学》课程思政教学设计探索[J].呼伦贝尔学院学报,2022,30(3):138-142.

[3] 卢周来,朱斌,马春燕.美对华科技政策动向及我国应对策略——基于开源信息的分析[J].开放导报,2021(3):26-35+47.

[4] 汤志伟,李昱璇,张龙鹏.中美贸易摩擦背景下"卡脖子"技术识别方法与突破路径——以电子信息产业为例[J].科技进步与对策,2021,38(1):1-9.

教学改革篇

经济类专业"会计学原理"课程教学思考

何平林　牛朝辉　赵雨涵

摘要：培养人才、科学研究、服务社会是当代大学的重要使命任务。其中,培养理论与实践合一的高质量人才是新时代我国大学的核心任务。"证券投资与管理"课程是高校经济学类专业的必修课,亟待以知行合一为目标的教学改革创新。不同于财务会计专业的学生有机会"通过多门课程知会计",经济学专业的会计通识课旨在让学生"通过一门课程知会计",彰显了"会计学原理"课程的高阶性、综合性和完整性。这就要求教师设计"麻雀虽小,五脏俱全"的完整的会计通识内容体系,既要有会计信息的加工生成过程讲解,又要有会计信息的分析应用讲解。本文对传统教学模式下证券投资类课程的现状与问题进行了分析,并提出了"证券投资与管理"课程教学创新的具体方案设计,以为本门课程的教学创新提供有益的思路和借鉴。

关键词：证券投资；教学模式；课程思政；教学创新

经济学专业具有口径宽、适应性强、就业面广的特点。越是要求知识面宽广的专业,越要加强基础知识的夯实,否则容易出现什么都知道一点但什么都不精通的人才培养风险。"会计学原理"作为经济学专业核心课程,其基础性毋庸置疑。"会计学原理"课程中诸如资产、负债、收入、成本、利润、折旧、税金等重要概念,也在经济学专业相关课程中反复出现。本文对经济学类专业的"会计学原理"课程教学进行梳理,从课程定位、内容设计、教学创新、多门课程知识点之间的相互贯通应用等方面进行了探讨。

一、经济类专业"会计学原理"课程教学问题分析

学科门类的人为划分,有时也会带来思维误区。从表面看,经济学和会计学不属于同一个学科门类,会计学属于工商管理大类,而经济与金融属于经济学大类。在一些经济学类专业学生的眼中,财务与会计类课程大概学学、略知一二即可,这就是一种思维误区。事实上,经济学专业的学生毕业之后,无论是在银行、基金、保险、证券等金融领域工作,还是在财政局、税务局、海关、国资委等政府经济部门工作,或者直接到企业工作,都需要扎实的会计学基础知识储备。例如,一个经济学专业的学生毕业后进入上市公司证券部门,从关联方交易、商誉减值、定期财务会计报告,到资产负债率、毛利率、净利率等关键财务指标,再到并购重组、定向增发等财务行为,都必须

非常精通，才能胜任工作。

从教学侧看，一些从事经济学类专业会计原理课程教学的教师觉得万变不离其宗，将经济类专业学生视同会计专业学生，认为只要照搬会计专业的教学内容和教学方法进行教学就万事大吉。实践中，把会计学专业的教学课件（如初级会计学、中级会计学等课件）不作加工地直接用于经济类专业的会计学课程教学，在当前我国高校中非常普遍，但这又是极其不科学的做法。另一种思维倾向是，认为经济类专业的同学将来不太会从事专门的会计岗位的工作，因而无需向其传授太多的会计知识，只要求他们能够大概看懂财务报表即可。这些都是经济类专业会计通识教学中的思维误区，可能带来的问题是学生不够重视此类课程的学习，教师不够重视此类课程的教学研究，缺乏有针对性的课程定位和内容设计，更谈不上教学方法和手段的创新。长此以往，可能导致经济学类专业的会计原理课程教学效果比较差，教学质量比较低。

二、经济类专业"会计学原理"课程定位

经济学专业旨在着力培养具有高度的国家使命感和社会责任感，理想高远、学识一流、胸怀寰宇、致真唯实的经济管理领军领导人才。具体目标是，培养具有扎实的经济学理论基础、较强数理分析能力和外语运用能力，同时又对自然科学和工程技术有较深入了解的通识型、创新型、复合型高级经济管理人才。可以看出，通识性和复合性是高级人才的内在要求，这就对经济学类专业的会计原理课程的定位提出了更高要求，需要将其与财务管理、会计学专业的课程定位区别开来。通过深入分析不难看出，财务管理、会计学专业的"会计学原理"课程，其目标是为接下来的"中级财务会计""高级会计学"奠定入门的专业知识基础，很多会计学知识是在之后的中级、高级课程中讲解的。其课程定位具有依赖性，需要有后续课程的协调配合，要与后续的中级会计、高级会计统合起来进行整体设计。而与此不同的是，经济学类专业的"会计学原理"课程是"单打独斗"、自成体系的，旨在给经济学专业的学生构建扎实而完整的、具有一定理论纵深的、实务性的会计学知识体系，既要能支撑"微观经济学""证券投资与管理""技术经济学""公共经济学""金融学"等经济类课程的学习需要，又要能使学生在未来可能的经济部门工作中能够应对具有会计学知识元素的场景。从这个定位来看，经济学专业的"会计学原理"课程设计难度更大，课程定位更加高阶。

三、经济类专业"会计学原理"课程内容设计

前文述及，经济学类专业的会计原理课程要构建扎实而完整的、具有一定理论纵深的、实务性的会计学知识体系。在此定位下，"会计学原理"课程的内容设计需要把握以下几个重要原则。其一，内容体系要具有完整性。不同于财务会计专业的学生"通过多门课程知会计"，经济类专业的学生是"通过一门课程知会计"，彰显了"会计

学原理"这门课程的高阶性、综合性和完整性。这就要求教师设计"麻雀虽小,五脏俱全"的会计通识内容体系,既要有会计信息的生成,又要有会计信息的分析应用。其二,课程要具有一定的理论性。理论来源于实践,又反过来指导实践。要想更好地掌握实践,必须深入地融会理论。要通过课程的讲授,使学生在大脑中构建起系统的会计学科理论体系。其三,课程要具备显著的实务性。毛泽东同志在《实践论》里曾这样指出:如果有了正确的理论,只是把它空谈一阵,束之高阁,并不实行,那么,这种理论再好也是没有意义的。《经济学类专业教学质量国家标准》明确指出,要着力培养学生实践能力、调查研究能力、科研能力和创业能力等。会计语言作为一门商业语言,具有显著的实务性。通过会计学课程的学习,可以使经济学类专业的学生了解企业或事业单位会计核算的基本实务内容。翻开很多原版的国外会计学教材,其序言中一般都赫然写着"会计是一门商业的语言"。不懂会计语言,在商业领域遇到"商誉减值""财务杠杆""公司估值"等实务问题细节时必然一头雾水。因此,"会计学原理"课程的内容设计必须围绕实务工作来进行,以传授给学生们实实在在的会计实务操作知识,而不是"纸上谈兵"式的会计理论。

基于以上原则,我们设计了针对经济学类专业的会计原理课程内容体系,包括会计理论模块、实务操作模块、分析应用模块。在会计理论模块,课程的逻辑主线是财务会计概念框架体系。具体内容包括:会计定义、会计假设、会计基础、会计对象、会计要素、会计确认、会计计量、会计报告等。作为连接理论和实务的"桥梁",通过扎实的训练让学生掌握会计等式、复式记账与会计分录的基本原理。在实务操作模块,明确课程内容逻辑主线是企业发生的经济业务(经济交易和事项)。一般而言,企业具有三大类经济业务,分别为融资活动、投资活动、经营活动。基于此,我们设计的课程逻辑主线是企业发生的经济业务——融资与投资类经济业务及其会计处理、经营活动类经济业务及其会计处理、期末结账类经济业务及其会计处理,由此帮助学生系统掌握经济业务是如何通过专业技术手段变成会计信息的。在分析应用模块,主要内容是企业财务报表分析,针对资产负债表、利润表、现金流量表三大主要报表的常见分析方法、分析指标和分析案例进行讲解。学生通过这部分的学习,既可以将本课程的会计理论、会计信息加工与生成、会计信息的分析应用相贯通,又能够与后续"证券投资与管理""技术经济学""公司财务"等课程的知识点建立联系。

四、经济类专业"会计学原理"课程教学方法创新

教学创新永远在路上。在移动互联网高度发达的当代中国,哔哩哔哩(B站)、抖音、小红书等媒体平台上可以见到各种样式、各种质量水平的会计知识讲解视频,这促使高校教师必须投入更多时间和精力钻研教学,以保证教学内容的与时俱进,并且靠提高课程的教学质量增强课程吸引力,引导学生"用脚投票"。新时代的学生思维活跃,眼界开阔,敢于质疑,喜欢新鲜事物,这既对高校教师的教学工作提出了新的要

求、新的挑战，同时也意味着新的机遇。教师只有不断进行教学研究、教学创新，才能真正走入学生的内心，让他们接受教师所传的"道"、所授的"业"，并相信教师真正有能力帮他们解"惑"。

其一，教师可以会计专业人士的身份担任上市公司独立董事，参与一些课题咨询，以构建与实务界的沟通联系桥梁，不断与时俱进更新实务知识，增长实务本领，把最新案例、最新会计准则等引入大学课堂教学，为更好地创新教学方法和不断更新教学内容打下坚实基础。例如，我们在教学中及时将河北省上市公司协会编写的《上市公司违法违规案例选编2023》中的案例讲授给学生，帮助他们深入理解会计信息质量和会计职业道德的重要性。又如，我们通过与监管部门或税务、银行部门人员的交往与沟通，及时把相关的鲜活知识变成课件内容，让学生从市场监管部门、投资者、债权人、税务稽查者等视角看上市公司披露的会计信息，使其能够更好地理解和应用会计知识。

其二，教师可通过增设"学长进课堂"等环节创新教学方式，增强课程教学形式的多元性。往届优秀毕业生大多活跃在金融行业，以及国有企业或民营企业的金融、经济或者财务相关岗位上，一些人不断在实务中锤炼，逐渐发展成为实务界的"大咖"。在讲解一些关键知识点时，教师可以把一些优秀毕业生请进课堂，学长们"现身说法"授业解惑的实际效果，或许比教师单纯讲解的效果还要好。

其三，教师可开发"动漫"等丰富多样的内容呈现形式，以辅助"会计学原理"的课程教学。教师可以开发数字教材，把资本市场中的一些有趣案例、教师制作的动漫、每章节的练习题、教学课件等教学材料植入其中，弥补传统纸质教材枯燥乏味的缺陷。另外，教师也可以开发或者选择现有的会计仿真实验教材，将其作为课程教学的指定教材，鼓励学生动手实操，制作纸质版的会计凭证，从而增进学生对会计知识体系的感性认识并提升实务操作能力。我们在教学中使用现有的会计仿真实验教材，要求学生按照教材案例收集原始会计凭证，填制收款凭证、付款凭证和转账凭证，进而填制现金日记账、银行存款日记账、总分类账和明细分类账等。学生经过系统的手工操作，建立了对会计程序的感性认识，产生了对于会计这门"手艺"的浓厚兴趣，有的学生在大四时保送了会计学专业的研究生。

其四，重视实验和实践教学环节。正如《经济学类专业教学质量国家标准》所指出的，应根据实际教学需要，充分利用专业实验室、专业实训基地、实践教学基地，开设独立的实验、实训课程或环节。在有条件获得大学或者学院资金支持的前提下，教师还可以设计开发会计仿真实验教学软件，为学生以虚拟仿真的形式参与会计实务操作创造条件，并通过课程教学资源系统的开发，实现"会计学原理"课程教学的实质性创新。

五、经济类专业"会计学原理"课程与相关课程相互印证贯通应用

"会计学原理"课程为"技术经济学""公司财务""证券投资与管理"等多门专业核心课程提供了重要知识储备。在多门课程中贯穿应用会计学原理的知识点,对于学生树立会计通识意识以及专业自信具有重要意义。例如,我们在"技术经济学"课程中,反复使用诸如固定资产、累计折旧、现金流量等重要会计概念,不断在学生头脑中强化其对会计通识课程重要性的认知。又如,我们在"证券投资与管理"课程中设置了实验模块,教师基于证券公司的真实估值模型,要求学生利用"会计学原理"课程中的资产负债表、利润表、现金流量表等知识及其他会计基础知识,配合"证券投资与管理"课程中的上市公司分析与估值实验,实现相关课程之间的相互印证、应用、支撑,在增进学生对会计基础知识的理解与掌握的同时,增进了学生对会计学知识实际应用的感性认识以及兴趣度。

参考文献

[1] 赵远.数字经济背景下《基础会计》课程立体化教学模式的研究[J].经济师,2023(8):199-200.

[2] 刘建业.会计实验教学在高校经济类专业存在的问题及完善对策[J].黑龙江高教研究,2011(3):181-182.

[3] 童永霞,明永红.新经济环境下基础会计课程教学改革的思考[J].时代经贸,2022,19(1):126-128.

[4] 孟凡生,肖振红,李瑛玫,等."互联网+"背景下工科院校经济管理专业课程教学模式的转型——以会计课程为例[J].教育探索,2017(2):81-83.

[5] 罗群.经济管理(非会计)类专业会计学课程教学改革探析[J].企业导报,2014(21):111+107.

[6] 李震.经济管理(非会计)专业《基础会计》课程教学改革探索[J].中国乡镇企业会计,2012(3):158-159.

[7] 刘峰,张诗怡.财务报告的共通性:术语·由来·绸缪[J].财会月刊,2023,44(22):9-14.

[8] 刘峰,杜兴强.会计学通识课:理论与实践[J].中国大学教学,2021(7):58-63.

[9] 李濛.通识教育平台下会计教学存在的问题及对策探讨[J].成才之路,2019(20):49.

[10] 冯丽艳,蔡蕾,段姝.基于双创教育的财务会计通识课程建设思路[J].中国管理信息化,2021,24(11):230-232.

本科课程"经济数学方法"教学中若干问题的思考

刘美芳　牛朝辉　袁　玥

摘要：经济研究的数学化和定量化是经济学迅速科学化的重要标志。数学在经济学教育中的应用和发展是提升经济学应用实践水平的必然要求和重要条件。"经济数学方法"是将经济理论和数学方法紧密结合的一门重要课程，根据多年的教学经验，对"经济数学方法"的课程目标和定位、课程内容设置、教师的教学能力和教学方法，以及课程内容的设计都提出了具体可行的建议；提出了该课程的目标和定位，既要体现数学思维的逻辑性和严谨性，又要体现经济学的现实性和社会性，要在相互结合中得到升华。

关键词：经济学；数学方法；课程内容体系

数学作为一门独立的学科，具有其自身的基本理论和方法。但作为一门方法论学科，当它应用到具体学科时，必然要与背景学科相结合，从而产生新的特点。"经济数学方法"课程，就是将数学和经济学相结合，在经济理论背景下，运用合理的数学模型和方法以及数学独有的逻辑性和严谨性特点来解决经济问题的一门课程。

一、经济学数学化的历史脉络

20世纪50年代，索耶把数学定义为"所有可能模式的分类和研究，其中，模式包含可识别的几乎任何形式的规则"(Sawyer,1982)。有学者进一步认为模式包括顺序、结构和逻辑关系等，那么经济行为的规则非常适合运用数学方法进行分析。为使经济学研究变得更加严密和精确，在经济学领域，20世纪发生的最大变化之一就是经济学的数学化。从本质上讲，经济数学方法属于工具类课程，为经济学问题的研究提供方法和工具。

在马歇尔所处的时代，经济学研究还较少应用数学模型方法，而在凯恩斯时代，数学模型方法在经济学研究中已蔚然成风[1]。"经济学数学化的进程大致可以分为三个阶段。第一阶段是1838—1944年，该阶段经济学与数学实现早期结合。第二阶段是1944—1977年，是经济学全面公理化的时期。第三阶段是1977年至今，在这一时期，数学进一步巩固了在经济学中的地位，并成为经济学基础教育的主要内容"[2]。

经济数学作为经济学专业的基础课程，已被明确写入国内外诸多高校的培养目标。例如，斯坦福大学经济学专业的培养目标中写着"教学计划的目标之一是教会学生将数学作为经济分析的一个基本工具,去思考和描述经济问题和政策",北京大学经济学专业本科教学计划中也明确包含学生的经济数学应用能力。在这样的大背景下,要培养出一个不用数学方法进行经济学研究的学者几乎是不可能的。

经济学研究和经济研究的数学化和定量化是经济学迅速科学化的重要标志。国际一流经济学刊物无不使用数学语言阐述、发展经济理论,用定量的方法描述、讨论人们关心的经济学问题。[3]在经济学不断现代化和科学化的进程中,数学起到了特殊的作用[4]。

数学与经济学相结合的方式有很多,以下是一些例子。

① 数量关系的建模:数学可以用来建立经济学中的数量关系模型,如供求关系、成本-收益关系等。通过数学模型,经济学家可以更好地理解并分析经济现象。

② 统计分析:经济学中经常使用统计方法来分析数据,以获得数据之间的数量关系。数学可以提供统计学中的各种方法和技巧,如回归分析、时间序列分析等,以帮助经济学家对经济数据进行量化分析。

③ 优化问题的求解:在经济学中,经济主体通常面临着各种优化问题,如企业如何最大化利润、个人如何做出最优消费决策等。数学中的优化理论可以提供解决这些问题的方法,如线性规划、非线性规划等。

④ 博弈论的分析:博弈论是研究决策制定者之间相互作用和合作的数学工具。经济学中的决策制定者包括企业、政府和个人等,博弈论可以用来分析他们之间的策略选择和利益分配。

借助数学工具和数学方法,经济学家可以更深入地理解经济现象,找到经济问题的本质和发展规律,以便为更加科学有效的经济政策的制定提供支持,并提供可作为指导经济发展之参考的理论基础和分析框架。

二、"经济数学方法"课程的目标和定位问题

一门课程的定位,主要涉及课程的性质、内容体系、独立性,以及与其他课程之间的关系等方面的问题。从课程名称上看,"经济数学方法"属于方法论类型的课程,涉及数学和经济学两个学科的知识综合,是典型的交叉学科。经济数学方法在成熟、完善的经济学学科知识体系中是不可或缺的一部分,包含经济学专业的学生必须具备的学科知识和专业技能。

在高等院校经济学和管理学类专业教学计划中,"经济数学方法"课程通常安排在大学二年级,其前置课程包括"高等数学""微积分""线性代数""概率统计""经济学原理"等,其后续课程通常直接进入经济学或管理学的专业教学,所以"经济数学方法"属于专业基础课,是基础课和专业核心课之间的一个对这门课,对这门课的掌握情况决定着后续专业课程的学习质量和学习的深度、广度。桥梁课程的内容设置既要充分考虑前置课程中学生应该掌握的基础知识,也要结合后续专业核心课对数学

方法的需求,若前置课程设置不合理或者不充分,没有使学生掌握足够的知识,则会严重影响"经济数学方法"课程的教授进度和课程进行的顺畅度,严重影响学生对涉及数学基础知识部分内容的学习。当然,如果"经济数学方法"课程的内容设置没有充分结合后期专业课对数学方法的需求,也不能起到桥梁课程的作用。"经济数学方法"课程的内容设置,必须紧密结合后续专业课的内容,并且考虑学生将来进一步深造所需的知识。所以,其课程目标和定位必须紧密结合学生过去的知识积累、现实学科的实际需求,以及未来继续深造和提升实践能力的要求。

三、"经济数学方法"关于教与学的理解问题

从多年教学经验看,关于"经济数学方法"课程的学习,教师和学生必须树立一定的教和学的理念,并且有清晰的教和学的思路。根据费曼学习法,将教师和学生完成好这门课程应该具备的一些观念和想法总结如下[5,6]。

(一) 课程教学过程中教师应树立的观念

在"经济数学方法"课程的教学中,教师应注重树立以下观念:一是每个学生都具有与生俱来的学习数学的能力;二是没有应用意义的枯燥机械学习会使学生丧失学习兴趣;三是当学生能够理解所学知识并且感到有意义时,学习才变得有意义;四是学生可以用不同的方法学习;五是学习的过程可以是从具体到表征到抽象的过程,也可以是从抽象到表征再到具体的过程。

(二) 课程学习过程中学生应遵循的原则

学生在学习"经济数学方法"课程时,应注重遵循以下四个原则:第一,充分认识课程的重要性,确立学习的目标,且目标要有侧重点、针对性、挑战性。第二,系统化原则,学会归纳、筛选、分类,去思考知识和知识之间的关系,将新知识同熟悉的内容进行强联系。第三,输出原则,知识的学习不是单向的,必须经过理解并为知识找到出口,通过使用、输出将知识变成自己的本领和能力,实现学以致用。第四,纵向拓展和精进原则,从点到线再到面再联想深入,并且要努力与经济学专业课内容进行联系。

四、"经济数学方法"课程的教学现状

(一) 课程设置问题

越来越多的高校开始开设"经济数学方法"课程,虽然课程名称不尽相同,但内容基本相似。课程核心内容就是将经济和数学知识进行有机结合,课程内容涵盖经济

学核心课程相关的经济理论以及对应的数学模型和方法,如最优化理论、投入产出分析、矩阵理论的应用等,但各学校讲授的内容不一定包括以上全部内容,具体则取决于教师的兴趣和教学能力。大多数教师根据自己的教学能力设计课程内容,也有部分教师不仅根据自己的兴趣,而且根据学生的水平和后续课程的需要来设计具体内容。所以到目前为止,并没有形成统一的课程内容设置思路。另外,我国多数大学对于经济学专业学生的前置课程教学安排存在一定的问题,具体体现在对数学基础课程内容的重视不够,在根本上将数学归为理工科目,对文科学生的数学要求大幅降低。实际上,数学作为一门基础学科,对于各学科普遍具有辅助和推动作用,经济学的深入发展必然要求数学工具的引入[7]。由于前置课程内容安排不尽合理,或者随意删改内容以致讲授不够充分,经济学专业的学生在数学的后期运用上往往捉襟见肘,从而严重影响"经济数学方法"课程的顺利进行。比如,在讲授投入产出问题时,会不可避免地用到矩阵变换和特征值、特征向量等知识,但由于种种原因,学生在学习完前置课程后依然严重缺乏这部分知识,致使本课程的进行非常艰难,所以前置课程的内容设置需要与本课程的内容设置紧密结合、统筹协调,并且要保质保量地完成前置课程的教学内容,如此才能使本课程的教学顺利进行。

(二) 教学方法问题

传统的经济数学教学强调理论推导和数学证明,但事实证明,这样的教学方法越来越不能满足现在的学生需求,会让学生继续强化"数学是一门充满了无意义的抽象符号的枯燥无味的学科"的认知。如何将经济理论和复杂的数学模型讲得通俗易懂?如何以最简洁、清晰和易于理解的语言将抽象、枯燥的概念与关于日常生活的经济问题相联系?什么样的课堂会给学生留下积极而深刻的印象?这些都是教师应该深入思考的问题。目前,越来越多的教师开始注重实际案例的引入和分析,通过对身边的实际经济现象和经济问题的分析来加强学生对经济数学模型的理解和应用。这是好现象,但整体状态还不是很理想。"经济数学方法"课程对教师的要求较高:既要对经济理论有透彻的理解,也要有深厚的数学基础,更重要的是要有将二者进行有机结合的能力。比如,经济理论的成立通常都有一定的前提条件,而数学模型的建立和应用也是有前提条件的,如果不能讲清为什么能够使用某一特定模型来抽象地描述经济理论,以及二者如何统一,就容易使学生产生经济学和数学作为"两张皮"共存的认知,不利于让学生产生深刻理解。笔者认为,经济理论和数学模型结合的讲解可以分三个步骤进行:第一步是讲解理论和模型前提条件的一致性,第二步是讲解模型的构建和求解,第三步是结合所研究的经济问题对数学模型的求解结论进行解释和分析。此外,还要引导学生对目前所用的模型有何缺点、是否可以进一步改进、是否还有更好的模型可以应用等诸如此类的问题进行探索性思考。教学方法的探索永无止境,教师需要根据不同课程的特点设计不同的教学方法。

（三）教材和资源问题

目前市场上有很多经济数学教材，覆盖到不同层次和需求的学生。此外，还有许多在线资源和计算工具可供学生使用，如经济数学软件和数据分析工具。但是绝大部分教材的内容还是以数学为主，各种数学知识占到总内容的80%以上，每一章的内容安排基本上是先讲解数学知识，然后再举一些经济学的例子作为应用，二者的结合不够紧密。笔者在选择"经济数学方法"课程教材时，经比较，选择了中国人民大学出版社的《经济数学》，作者是霍伊、利弗诺、麦克纳和斯坦格斯。这本教材在经济学和数学结合的紧密程度方面做得比较好，但对32课时来说内容过多，且基础知识编排篇幅较大，所以笔者在讲授具体内容时做了整合，以及必要的扩展和延伸。

（四）教学评价问题

以笔者的经济数学课程教学为例，对学生的考核结构设计体现了对学生的学习过程和学习效果的评价，同时也是对笔者的教学能力和教学效果的评价，过程评价占40%，期末考试占60%。过程评价尤其重视对发现问题和解决问题的实际操作能力的评价，也非常看重学生的应用能力和创造性思维。在过程评价中，以关键数学方法或学生能够感知的日常经济现象和经济问题为核心，对学生作开拓性和实用性思维的引导，指导其进行文献分析和实践应用。同时，还结合经济分析软件引导学生进行优秀文献的复刻，从中发现问题、解决问题。期末考试主要考查学生对知识点的理解和应用，并且也对探索性思维进行考查。

五、"经济数学方法"课程的内容体系设计

在设计课程内容体系时，需要根据学生的层次和专业背景确定课程的难度和深度。对于经济学专业的本科生，可以从基础的微积分和线性代数开始讲起，逐渐引入经济学理论和数量统计方法；对于研究生课程，可以更加深入地涉及高级经济学和难度更高的数学方法，以及计量经济学的应用。同时，还可以根据不同的研究方向和领域需求，有针对性地设置专业方向的课程模块。

此外，课程设计还应注重实践应用，通过案例分析、项目研究、实证分析等体现课程内容的系统性和多样性。在课程内容体系的设计上，应该遵循如下思想[8]。

（一）课程结构——既要具有逻辑性，又要符合学生的认知规律

就数学学科本身来讲，其内容具有严密的逻辑顺序，比如线性代数矩阵及其运算部分包括：线性方程组和矩阵、矩阵的运算、逆矩阵、克拉默法则、矩阵分块法、矩阵的初等变换与线性方程组。其内容顺序不能调换，还必须以线性方式展开。"经济数学方法"课程虽然对线性代数中的矩阵部分运用较多，但并非单独运用某一部分，而

是将其内容进行融合并抽取与经济学相关的部分。在融合、抽取的过程中,必须考虑学生已有的知识体系,并且要符合学生的认知规律,按照易于学生理解和接受的方式来编排课程内容,使课程内容难度呈螺旋式上升,逐渐渗透,不断提高。

(二)课程内容——深度和广度的平衡

现有的经济数学方法类课程涉及大学本科和研究生的课程内容,数学部分整体难度大,容易使学生望而生畏,与经济学内容的结合也比较单调狭窄,对培养学生宽阔的视野帮助不大。所以,在内容编排上需要努力增加广度,不仅要关注数学思维在经济学中的应用,而且更需要引导学生从具体经济现象和经济问题的情境中去发现、认识或提取出数学概念,从观察到的实例中进行概括、类比并形成猜想等,在此基础上进一步扩充生活空间。课程内容和学生的日常生活以及各种社会经济问题联系起来了,自然就拓展了课程的广度。另外,在所应用的数学知识上也要增加广度,既要涉及基础知识(如微积分、线性代数、概率论和统计学等数学基础知识,也要涉及数量方法的内容(如优化理论、博弈论、动态规划、时间序列分析等),甚至要更进一步包括统计推断、回归分析、假设检验等统计学方法的应用。这些方法在经济数据分析和经济政策评估中非常重要。

(三)课程目标——思维性与实践性的平衡

数学是思维的科学,数学在训练学生逻辑思维能力方面的作用是其他学科无法取代的。然而数学并不是空中楼阁,同时,和经济学思想以及内容的结合需要更加严谨和紧密,不能仅仅是数学方法在一个具体经济问题中的简单应用,而应该是深度融合,需要回答为什么选择这个数学方法进行分析,是否还有更好的方法?应用此方法分析经济问题是否有前提条件?该方法能应用于哪些类型经济问题?应用过程中是否能够衍生和扩展?"经济数学方法"课程属于经验性课程,其价值在于使学生获得关于现实世界的直接经验和所学知识的结合,教学内容必须注重实践性,不能脱离生活实际,一定要让学生体会到数学与现实经济问题联系的乐趣,培养学生自主探索和合作交流的能力。通过提供实践学习,改变学生单一的接受性的学习方式,力争使课程内容既能对学生的智力训练有价值,又能对学生适应未来的社会生活有帮助。

参考文献

[1] 崔建军.追随经济学大师学习经济学研究方法[J].学位与研究生教育,2022(4):1-6.

[2] 程晓林.由"P值困境"引发对"不育的"经济学反思[J].经济问题,2019(1):17-26.

[3] 刘乐平,彭萍,艾涛.诺贝尔经济学奖、计量经济学与现代贝叶斯方法[J].东华理工学院学报(社会科学版),2004(1):1-6.

[4] 叶阿忠.非线性计量经济学的新发展[J].福州大学学报(哲学社会科学版),2000(2):9-11.
[5] 尹红心,李伟.费曼学习法[M].南京:江苏凤凰文艺出版社,2021.
[6] 苏泽 D A.人脑如何学数学[M].赵晖,等译.上海:上海教育出版社,2019.
[7] 姬超,颜玮.语言转向背景下的经济学理论如何建构[J].社会科学管理与评论,2013(3):65-70+112.
[8] 代钦.数学教学论新编[M].北京:科学出版社,2018.

多维度、双通道、全链路的"国际经济学"混合式教学创新实践

胡庆江　牛朝辉　唐菊梅　于惠雯

摘要： 本文对多维度、双通道、全链路的线上线下混合式教学在"国际经济学"课程中的创新实践进行了理论阐述。课程团队通过教学模式的多维度创新，实施线上学习与线下翻转课堂的双通道模式，最终形成了教学场域的全覆盖、理论课堂与实践课堂的全覆盖、评价反馈的全覆盖的全链路的教学创新。课程教学成果广受认可，在国内外具有比较好的推广应用价值，有助于实现培养创新型经济学人才的教学目标。

关键词： 混合式教学；多维度；双通道；全链路；教学创新；创新型经济学人才

一、引　言

"国际经济学"课程一直是北京航空航天大学（以下简称"北航"）经济学本科专业的核心专业课，是"微观经济学"和"宏观经济学"的后续课程。课程教学目标要求学生运用微观经济学和宏观经济学的知识和理论去理解、分析和解决国际经济活动中的问题，对经济学专业通识型、复合型高级人才培养目标的达成具有非常重要的支撑作用。该课程自 2020 年上半年开展混合式教学以来，以新文科建设标准不断进行教学改革，严格按照一流本科课程"两性一度"要求，实现了教学目标的高阶性、教学内容的创新性、教学设计的挑战性；通过线上自主学习和线下翻转课堂的有效融合，实现了学生对知识的高效获取、综合能力素养的显著提升，以及深度分析、大胆质疑、勇于创新的高级思维的养成。

国内有很多学者对混合式教学法的内涵进行过相关论述，王香等从线下课堂教学和线上网络教学两个维度构建融入课程思政的教学模式，探索纳入思政知识点的多元化课程考核和评价机制，对学生进行知识传授和价值引领，提升了课程思政的教学质量。[1] 巫小丹等着眼于把"食品微生物学"建设成教学和科研融合的"新工科"课程，融合线上网络课程教学资源，开展课堂翻转教学，积极推进线上线下课程改革创新，促进了教学团队的教学质量持续提升、教学效果不断提高，助力培养创新型一流食品学科工程技术人才。[2] 戴馨指出，在中职"市场营销基础与实务"课程中进行混合式教学设计与实践，将改变传统单向度知识性灌输式教学现状，实现"以学生为主体，以教师为引导"的教学目标，增强学生在教学活动中的体验感，调动学生学习积极性，强化学习兴趣。[3] 徐玉威基于雨课堂的"计量经济学"混合式教学模式创新实践经验

指出，信息化时代教育的发展要求教师必须转变教学理念，熟练掌握智慧型学习平台，学习课堂组织策略和技巧，提升学术素养，成为一名优秀的课堂组织者，营造出平等、友好、轻松的课堂氛围。[4]刘晓宇认为，基于"金课"视角的"计量经济学"混合式教学需要教师更新教学理念，细化实践环节，强化案例评析，重视课程思政，力争打造以学生为中心的"金课"，使学生更好地理解计量经济学的基本概念。[5]赵鲁涛教授在"混合式"概率统计"课程的探索与实践"报告中指出，通过混合式教学的开展，实现以信息技术为支撑，多元评价为保障，重构传统课堂，打造"两性一度"的混合式金课，能够全面提升学生的综合能力，塑造学生正确的"三观"。

二、"国际经济学"课程改革创新背景

（一）传统教学模式不利于创新型人才培养

"国际经济学"课程在教学改革和创新前一直沿用传统的教学模式，基本上以老师讲授为主，适当地辅以习题和课堂展示。尽管教学效果不算差，但教学理念没有真正体现从"以教师为中心"向"以学生为中心"的转变，教的比重过大，学生的总体参与度不高，课后学习时间投入不够，知识有效转化率不高，而且难以真正了解学生对课程知识的掌握程度，对课程教学目标的实现关注很少。

（二）教学缺乏创新难以满足学生个性化需求

"国际经济学"课程过去主要采取负责人全程讲授、助教答疑的方式开展教学，没有形成混合式教学团队，教学服务水平总体偏低，学生的个性化需求得不到满足。与此同时，教师对于学生理解和应用所学知识的情况缺乏了解和掌控，教学过程中学生知其然但不知其所以然的情况时常发生，"吃不饱"和"吃不了"的现象同时存在。

（三）教学设计和教学资源不能满足教学需求

"国际经济学"课程尽管有教学大纲和教学PPT，但教学内容的创新性、前沿性和时代性不够。教师对于课程思政的重视程度也不够，尽管课程教学中有不经意的价值引领和思政教育，但总体来说没有深度挖掘本课程的思政元素、案例，也没有进行系统的课程思政教学设计，因此不能真正实现知识传授与课程思政的紧密结合。并且，课程的教学目标和每部分内容的教学目标的达成方法不能细化，教学方法和教学手段缺乏创新，没有大容量的考核题库，考核方式与全过程评价比较单一。此外，特色化教学资源相对较少，没有基于北航特色的慕课或SPOC课，没有适合混合式教学的课程教材或讲义，没有本地化改进的教学资源，包括教学视频、习题集、翻转课堂案例库等。

三、"国际经济学"课程改革创新实践

（一）重构课程内容

"国际经济学"课程团队把课程全部内容分成国际贸易理论、国际贸易政策、经济全球化与全球经济治理、开放宏观经济学、国际经济政策协调等五个版块，共18章。团队老师会在每轮课中融入新内容，包括中美贸易摩擦与双循环新发展格局、全球经济政策的协调与治理、中美科技战略比较分析、国际贸易和货币体系的改革，这些问题都是呼应了当今世界格局（特别是中美关系）的一些重大战略博弈问题，让学生知道美国对中国的贸易战是"伤人一千，自损八百"的损人不利己的"以邻为壑"政策。在讲授全球经济治理时，引导学生探讨《巴黎协定》的实施方案和减排机制，加深学生对人类命运共同体的理解。利用《区域全面经济伙伴关系协定》(RCEP)签署和生效后产生的经济影响，讲述区域经济一体化对区域成员间贸易发展的好处。通过分析俄乌战争对全球能源交易的影响，让学生了解能源安全的重要性和国家能源安全战略。

（二）创新教学方法与手段

本课程采取线上线下混合式教学方式（如图1所示）：线上教学主要是让学生观看由教学团队录制、在智慧树平台运行的慕课，同时实时进行在线测试，教学团队随时提供答疑；线下教学主要是翻转课堂教学，针对不同教学章节和知识点综合使用了案例教学、研讨式教学、辩论式教学、学生自编习题的"四位一体"的教学方法。线下翻转教学主要包括：对课程重难点知识的讲授，每周上课前通过问卷星收集学生建议线下细讲的知识点和内容，解决学生线上学习遇到的问题；组织学生对热点话题进行小组讨论和自由发言，比如针对美国对华为的芯片断供事件，组织学生从咨询员的角度为华为提供对策；要求学生分组进行课程案例研究和展示，每章都会选取一个典型

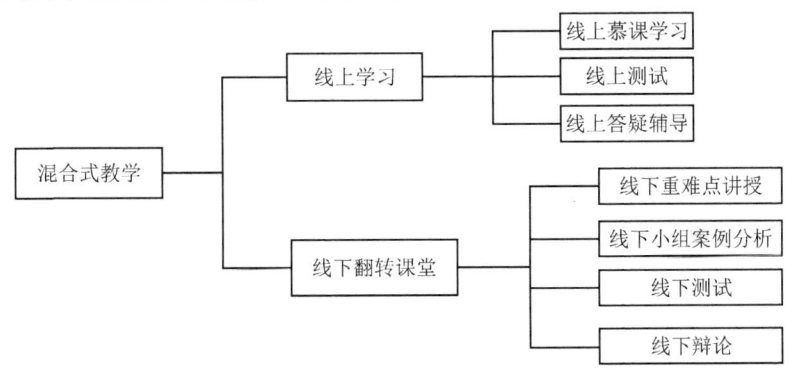

图1 线上线下混合式教学实践内容

的热门案例,经师生讨论后由学生撰写案例研究报告并进行展示;让学生扮演不同的角色,了解贸易政策对他们的影响,以及他们对自由贸易政策和贸易保护政策的支持或反对的态度;组织课程的微辩论,加深学生对讲授内容的理解,提高学生全面客观分析问题的能力。另外,让学生分组进行课程习题的编写和互评,使学生加深了对课程内容的理解。

(三)创设全新的教学环境

本课程在多年教改实践中积累了丰富的适用教学资源,包括智慧树平台的慕课、国际经济学自编教材与讲义、国际经济学习题集、国际经济学案例集、国际经济学教学大纲、国际经济学混合式教学教案、国际经济学PPT等。线上教学利用智慧树平台进行,课程概念和基础知识的学习可以由学生自己在线上高效完成并获得测试分数。线下教学利用北航在线教学平台授课,充分发挥现代信息技术优势提高教学效率和效果。线上教学分为课前预习测试、课中翻转、课后测试等环节,课前预习测试为课中翻转教学提供重难点,课后测试保证了课中翻转教学的效果。教学设计遵循由易到难的原则,确保学生对复杂问题的综合分析能力和高级思维的提升。线上学习以开放共享、自主式学习来开展,线下实行以学生为主的互动式教学,满足了学生的个性化需求。除了线上线下的课内学习外,还注重利用新媒体手段把课内内容延伸到课外,由此形成了多维度、双通道、全链路的教学设计,更有利于实现创新型经济学人才培养目标。

(四)实现考试评价向综合评价转变

过去的做法基本是一考定成绩,现在的考核评价采取的是"过程评价+考试评价"的方式,学生的成绩由上课出勤、线上学习表现及测试成绩、线下课堂表现、案例研究报告及课堂展示、习题编写、期终考试等几个方面综合确定。过程评价占比达到40%,考试评价占60%,依据学生线上学习情况、提交的研究成果和活动表现对学生进行评价。评价方式采取平台自动阅卷、老师评价、学生互评等多种方式。

(五)加强课程思政建设

"国际经济学"课程在教学改革实践中有机地融入课程思政元素,以期达到润物无声的课程思政育人效果。本课程的课程思政目标是培育学生的"四个自信"和"四个意识",团队教师系统梳理了课程思政元素及其融入的方法,充分发挥专业课程的育人功能,在教学中引导学生扎实掌握基本理论和基本政策,深入挖掘专业知识体系中所蕴含的思想价值和精神内涵,坚持唯物史观,培养学生探索未知、追求真理、勇攀科学高峰的责任感和使命感,在知识传授中强调主流价值引领,着力培养德智体美劳全面发展的新时代社会主义建设者和接班人。课程团队将核心技术卡脖子问题、华为芯片断供事件、知识产权非关税壁垒、金融危机、人类命运共同体、全球经济治理、双循环发展战略等时代话题引入到课堂教学和讨论中来,实现了课程思政元素与课程章节内容的一一结合。课程思政的融入方法多种多样,包括探历史、讲案例、办辩论、寻方案等。

四、国际经济学混合式教学成效显著

(一)学生参与度显著提升,各方面能力提升明显

学生学习"国际经济学"课程平均每周投入的时间约为8小时,其中线上自主学习与测试约2小时,线下课堂学习约4小时,课后复习约2小时,并且所有学生都参与了课堂论文展示活动。课程平均成绩由过去的80分提高到85分,显示出混合式教学的优势,课程学习效果和平均成绩大幅改善,学生的满意度较高。与此同时,学生分析问题和解决问题的能力提升明显。95%的学生认为对课程的教学效果比较满意,与传统教学模式相比,混合式教学的效果有明显改善,课程提高了学生分析和解决问题的能力,提高了学生的创新能力、自主学习的能力,混合式教学能够引导学生参与到教学中,使学生的课堂参与度显著提升。

(二)课堂成果丰硕,学生线下成绩优异

教学创新使学生在知识获取能力和价值观塑造方面都有明显的收获,线下形成了分组讨论、教师引学、小组带学、学长领学等学习方式。一些参与过课程学习的学生在冯如杯、挑战杯、大创(SRTP)等竞赛中取得了良好的成绩。并且,课程培养的学生去向良好,部分同学毕业后前往国内外名校继续深造。

(三)教学成果丰硕,社会关注度高

经过几年的教学创新,"国际经济学"课程教学成果屡次获奖,获得了比较高的社会关注度,成果包括十篇教改论文、十部教材和著作,课程团队成员获得国家级、省部级教学奖项共11项,学生有120多人次获得国家级、省部级奖项。"国际经济学"课程在线课程选课人数超过12万人,体现出学生的高度认可。同时,教改项目经费达到61万元,体现出相关部门的重视和支持。

五、"国际经济学"课程实践成果创新推广

(一)创新成果在国际平台广受认可

多维度、双通道、全链路的线上线下混合式教学创新实践在"国际经济学"课程中取得了比较明显的成绩,在国内外具有比较好的推广应用价值。尤其是混合式教学

模式得到了国外的肯定,课程团队成员在国际平台上进行课程教学改革经验宣传。团队老师曾受邀在联合国亚洲及太平洋经济社会理事会及日本杏林大学、神户女子大学等国外机构报告课程相关创新成果,课程的相关创新成果和实践经验也为英国国际贸易部、巴基斯坦财政部等外国政府部门提供了咨询参考。

(二) 国内成果丰硕,品牌示范效应显著

多维度、双通道、全链路的线上线下混合式教学创新实践在国内也初具影响,"国际经济学"课程获得"智慧树杯"课程思政案例大赛一等奖,被评为"教育部国家精品视频课",慕课学习者来自35所高校,学生曾获全国大学生创业大赛金奖、国家级大学生创业明星奖,团队教师多次在国家一级学会上介绍课程教学创新成果。在校内,"国际经济学"课程成为首批校级一流本科课程和课程思政示范课,多次获得北航教学成果奖,教学成果在学院内得到推广和应用。团队教师获得过北京市优秀毕业论文指导教师、首都大中专学生暑期社会实践优秀成果,教学创新成果在中央民族大学、北京邮电大学等高校中得到推广应用,在北京地区形成了辐射带动效应。

参考文献

[1] 王香,刘二宝,周惠敏,等.线上线下混合式教学联动课程思政教学模式——以材料科学基础课程为例[J].高教学刊,2023,9(24):45-48.

[2] 巫小丹,崔宪,张林雪,等.基于达成度评价的课程考核和混合式教学改革探索——以南昌大学"食品微生物学"为例[J].食品工业,2023,44(7):248-252.

[3] 戴馨.智慧教育背景下混合式教学在中职《市场营销基础与实务》的应用研究[D].贵阳:贵州师范大学,2022.

[4] 徐玉威.基于"雨课堂"的混合式教学模式探索和实践——以《计量经济学》为例[J].湖北开放职业学院学报,2023,36(14):193-195.

[5] 刘晓宇.基于"金课"视角的计量经济学混合式教学应用研究[J].商业经济,2023(6):179-180.

"本研一体"的混合式计量经济学课程体系建设

牛朝辉　刘美芳　张尤佳

摘要："计量经济学"是经济学门类本科生及研究生的核心课程,对提高学生调查研究方法的科学性和有效性有重要作用。本科生发展路径凸显"本研一体"课程体系建设的必要性。后疫情时代,混合式教学模式被更多运用于教学中。在此背景下,课程团队基于钻石模型的理念,不断丰富课程内容和体系,采取重构教学目标,整合教学内容,丰富教学活动,多样化教学场景及多元化教学评价等一系列教学改革实践,形成了从理论学习到实践操作的"本研一体"混合式"计量经济学"课程体系。

关键词：本研一体;混合式教学;计量经济学;课程体系;钻石模型

"计量经济学"是以一定的理论和统计资料为基础,运用数学、统计方法与电脑技术建立计量模型、定量分析变量关系的学科,旨在描述社会现实、解读社会现象、揭示经济社会规律、预测未来趋势,并为经济学、管理学、教育学、政治学等社会科学的定量分析提供方法支撑。它是教育部高等学校经济类学科专业教学指导委员确定的高等学校经济学门类本科生及研究生的核心课程。[1]

"要努力在提高调查研究方法的科学性上下功夫,在提高调查研究成果的有效性上下功夫,不断提高调查研究的质量和水平。"[2]本科生和研究生的"计量经济学"课程,应在提高学生调查研究方法的科学性和有效性上发挥重要作用。

课程团队自2004年起承担"计量经济学"的教学任务,主要针对经济学专业的学生。此后,课程团队不断丰富课程内容和体系,逐渐形成了从大二的"经济数学",到大三的"计量经济学"与"计量经济学实验",再到研究生阶段的"高级计量经济学"的计量经济学课程体系,实现了从夯基垒台到全面深入、从理论学习到实践操作的本研一体螺旋式上升。自2020年起,由于新冠疫情的影响,课程团队开始探索"线上线下混合式教学",发挥线上线下教学各自的优势,如图1所示。

经过约20年的教学,课程团队不断丰富教学方式,加入了在线课程教学、在线题库测验、课程短视频、线上讨论与互动、计量软件上机实验、论文研讨等线上线下混合式教学方式,并以STATA为主要教学支持软件,进行计量软件的应用与上机实验,从而使学生深入了解现代计量经济学各分支的理论与实践,提高学生理论联系实际的能力与自主创新能力。此外,在教学中有机融入课程思政,以使学生牢固树立中国社会主义道路自信、理论自信、制度自信、文化自信。

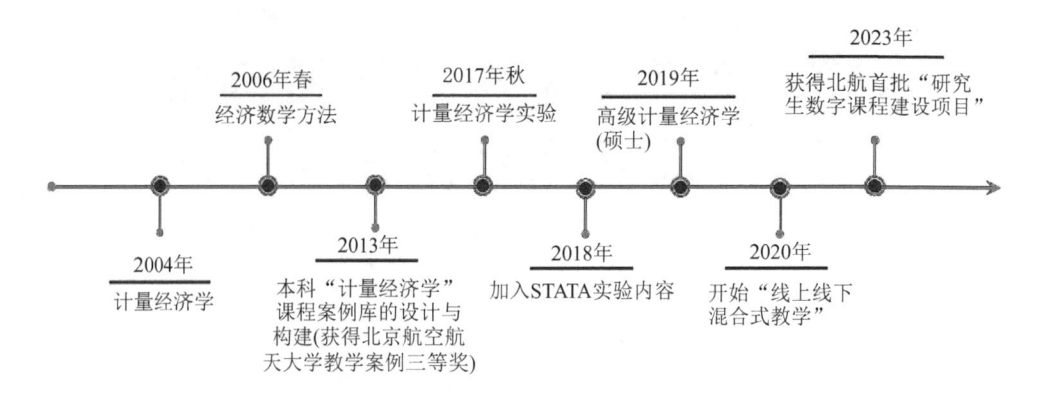

```
2004年          2006年春        2013年                2017年秋       2018年            2019年              2020年          2023年
计量经济学      经济数学方法    本科"计量经济学"     计量经济学实验  加入STATA实验内容  高级计量经济学     开始"线上线下    获得北航首批"研究
                                课程案例库的设计与                                      (硕士)             混合式教学"      生数字课程建设项目"
                                构建(获得北京航空航
                                天大学教学案例三等奖)
```

图 1 "本研一体"的混合式"计量经济学"课程体系建设过程

一、"本研一体"的混合式计量经济学课程体系建设背景

（一）计量经济学课程教学需强调理论联系实际

计量经济学自 20 世纪 70 年代末、80 年代初进入中国，从 80 年代中期开始，高等院校经济类专业相继开设了系统的计量经济学课程。1998 年 7 月，教育部高等学校经济类学科专业教学指导委员会讨论并确定了高等学校经济学门类各专业的 8 门共同核心课程，其中包括"计量经济学"。[1]计量经济学是一门十分重要的学科，然而其教学难度也非常大。传统的计量经济学理论教学包含大量的数理过程推导和演示，一方面，北航人文学院经济系的学生在高中阶段主要为文科生，数学基础相对较弱，数理推导对其难度较大，学生普遍感到理论灌输过多、难懂、枯燥和迷茫，甚至产生畏难情绪。另一方面，模型研究的方法论和深奥的数学推导证明也会让学生怀疑这门课程的实用性。[3]

计量经济学课程应更注重培养学生理论联系实际的能力、观察和分析实际经济现象的能力、基于观察到的经济现象提出问题的能力、应用恰当的计量经济模型或方法进行研究的能力，以及在研究的过程中发展计量经济理论和方法的能力。[4]因此，应当在教学中加入对计量经济学教学统计软件的讲解，有效应用多媒体教学方式，增加实验教学环节，讨论实际经典案例等。[5]

（二）本科生发展路径凸显"本研一体"课程体系建设的必要性

党的十八大以来，党和国家高度重视研究生教育。2020 年，教育部、国家发改委、财政部印发了《关于加快新时代研究生教育改革发展的意见》，明确提出"研究生教育肩负着高层次人才培养和创新创造的重要使命，是国家发展、社会进步的重要基

石,是应对全球人才竞争的基础布局"。

高校是国家高等教育体系和创新体系的重要组成部分,承担着培养创新型、应用型人才的使命。数据显示,"双一流"建设 A 类院校本科生读研深造人数上升,且在国内升学的本科生中超六成留本校读研。同时,在校研究生数占在校生总数的近一半。[6]建设"本研一体"课程能够储备优质研究生生源,提高本科生科研素养和兴趣,提高研究生的沟通、组织能力和专业实践的能力;能够优化课程设置,助力"本研贯通"人才培养体系的构建,同时打造"金课",助力"双一流"建设。因此,针对当前本研衔接培养中的问题,建设"本研一体"课程极具必要性。

"本研一体"不是传统的"注重本科教育""加强研究生教育"的平行式发展或简单的"一流本科教育"+"高水平研究生教育"的两段式叠加,也不是统一要求所有学生参与课题组或机械地增加学生参与科研实践的时间。其核心思想是:统筹规划本研人才培养的全过程,整体设计本研衔接过渡,乃至贯通一体的教育教学计划,努力探索科教融合、长时段、复合式、个性化的高端创新人才培养模式。[7]

(三) 互联网+时代下混合式教学模式被更多采用

2016 年,教育部印发的《关于中央部门所属高校深化教育教学改革的指导意见》中提出要推动"校内校际线上线下混合式教学"。在新冠疫情冲击下,高校教学活动转至线上,迫使教师熟练掌握线上教学模式,也转变了其对线上教学的态度。此外,国内的许多线上学习平台(如雨课堂、腾讯课堂等)以及部分高校自己的专属教学平台迅速发展,为更多高校采用混合式教学模式提供了保障。混合式教学模式能够将线上教学与线下教学有机融合,实现优势互补。其中线上教学具有便利性、灵活性、多样性等特点,可以利用学生的碎片化时间开展教学,而线下教学具有互动性强的特点,学生可以通过与老师的近距离沟通提高学习效果和体验。

二、"本研一体"的混合式计量经济学课程体系建设实践

目前,"本研一体"的混合式计量经济学课程体系已具雏形,其中本科阶段开设了"经济数学方法"(大二)、"计量经济学"(大三)、"计量经济学实验"(大三),研究生阶段开设了"高级计量经济学"(研一)。此外,教学团队根据钻石模型进一步深化教学改革。教学创新的钻石模型由张晓军提出,该模型认为好的教学创新需要考虑三个层面(教学目标、考核、途径)及五个要素(学习目标、学习结果评价、学习场景、学习内容、学习活动)[8];既是激发一线教师从零开始创新教学的思维图,也是助力正在做创新的老师形成体系化教学创新的参考框架(如图 2 所示)。教学改革举措包括重构教学目标,整合教学内容,丰富教学活动,多样化教学场景及多元化教学评价等。这些教学改革措施提高了我校本科生的科研素养和兴趣,以及研究生的沟通能力、组织能

力和专业实践能力,有利于学生更好地理解与掌握课程内容,而这些课程对本科生毕业设计以及研究生毕业设计、科研论文等的完成均有极大帮助。

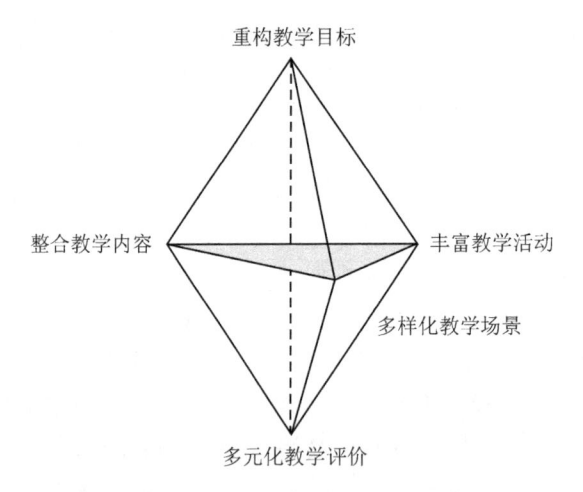

图 2 基于"钻石模型"的教学改革设计

(一) 重构教学目标

对于"经济数学方法"(大二)、"计量经济学"(大三)、"计量经济学实验"(大三)、"高级计量经济学"(研一)这四门课程,课程团队首先根据授课对象的年级、知识掌握程度等情况进行教学目标的体系化重构。从"经济数学方法"到"高级计量经济学"的进阶与深化如图 3 所示。

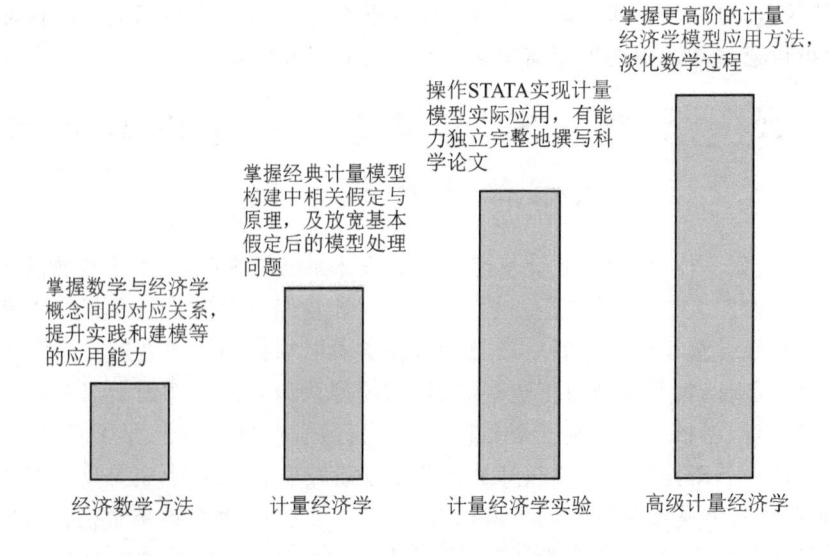

图 3 重构教学目标

"经济数学方法"一般安排在本科二年级春季学期,需要学生掌握数学概念与经济学概念之间的对应关系并理解其在经济学中的应用,以提升选题、数据获取、数据处理、数学模型的建立、检验和应用以及分析建议等相关实践和应用的能力。这门课为数学与经济学的联系搭建了桥梁,让学生能够将两者融会贯通,初步接触用数学模型思考经济学问题的方法,为后修课程"计量经济学"的学习打下数学基础,有助于学生更好地理解计量经济学模型原理。

"计量经济学"一般安排在本科三年级秋季学期,有了相关的数学基础与数学思维后,学生便有能力理解计量经济学基础理论。要求学生掌握经典计量模型构建中相关假定与原理,及放宽基本假定后的模型处理。

随后安排"计量经济学实验"课程的学习。这门课程需要在掌握"计量经济学"课程知识的基础上,操作STATA实现计量模型的实际应用,培养学生统计、分析经济数据的能力,使其最终能够分析解决现实问题,有能力独立完整地撰写科学论文,并实际完成一篇实证论文。

进入研究生阶段,学生已经具备了基础的计量经济学学科素养和能力。硕士研究生和非计量经济学专业的博士研究生学习"高级计量经济学"的目的是应用,而不是从事计量经济学理论方法的研究。因此"高级计量经济学"模型的理论方法与模型的应用应该并重,在理论方法中以思路为主,淡化数学过程,求全而不求专。

综上所述,本研一体课程体系的教学目标契合教学改革的"两性一度"原则,即高阶性、创新性和挑战度,使学生在不同的学业阶段合理完成能力的培养与转换,综合素质得到最大程度的提高,从而为后续发展打下坚实基础。

(二)整合教学内容

从内容上看,四门课程中存在着部分知识点重合的问题,如图4所示。课程团队将四门课程打通,梳理每门课程的教学内容,找到重复的部分,在注重知识难度与深度进阶的同时合理重复、强化已有的重难点,并与下一步的学习内容形成链接,使每个新知识的提出与深化都有理有据,来龙去脉清晰明确,从而做到由浅入深,循序渐进,如此有利于学生对知识的理解与掌握。

(三)丰富教学活动

在课程活动方面,课程团队组织多种形式的教学活动,通过四门课程带领学生逐渐从理论走向实践,打牢理论基础,并在实践中将理论转化为能力。具体活动如图5所示。

课堂讲授主要是计量理论的学习,包括计量经济学基本概念、学科发展历程及研究前沿,以及各计量经济学分支的相关知识。上机实验重点介绍STATA的操作与应用,带领学生将课堂中学习的计量经济学理论应用于实践,来解决实际问题。现有同类型课程中的案例多来自美国等西方国家,与中国实际的结合不充分。案例研究

图 4　整合教学内容

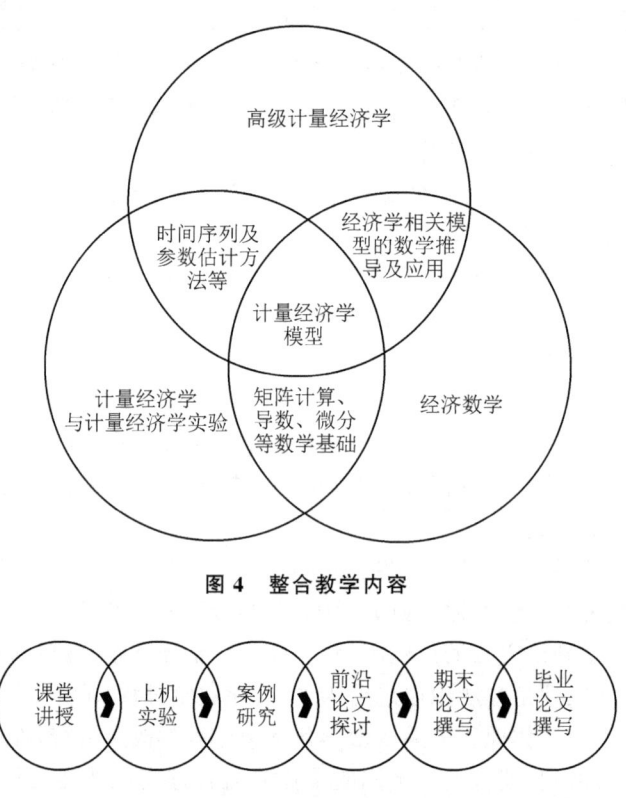

图 5　丰富教学活动

通过选取我国实际发生的经济学案例并对其进行定量分析,揭示经济规律,讲好"中国故事"。比如在"可线性化的非线性回归模型"一课中,教学团队运用中国城镇居民消费支出及价格指数建立中国城镇居民食品消费支出模型;在"多重共线性"一课中,课程团队选取 1980—2015 年我国的相关数据,研究影响税收收入的因素,来进一步加深学生对课程内容的理解。有了简单初步的案例探讨,老师进一步带领同学们学习前沿论文,重点关注发表在经济学顶级期刊(如《经济研究》等)的相关论文,学习该领域学者最新的研究方法和思路。"高级计量经济学"课程的讲授中就涵盖了近 30 年发展的最重要的模型,使学生在众多成型研究中不断加深理解,提高能力。至此,学生已经初步具备独立的研究实践能力,教师便可以要求学生进行期末论文的撰写。学生可以模仿一篇已发表的优秀论文,或自己选取数据,结合课程中学到的计量模型进行练习,尝试独立完成一项研究课题,再将计量经济学相关内容运用到最终毕业论文的撰写中。

(四)多样化教学场景

多样化的教学模式可以更好助力本研一体课程体系的开展。在疫情冲击下,线上教学模式开始普及。后疫情时代,线上线下教学模式的相互融合构建出混合式教学新模式。

线上教学模式主要包括课前通过SPOC平台发布课程资料、通过问卷星调研学生需求、教学录屏回看,以及每章节作业的线上即时提交和反馈等方面。线上教学模式使得课程资料的更新与发放更为及时,学生需求可以得到最高效的回应,作业不需要再定时定点批改发放,大大降低了时间成本;课程回放满足了学生对课程反复学习、思考的需求,避免错过、遗漏知识点,也提高了学生的自主学习能力。

与此同时,线下教学依然十分重要。线下教学的课堂氛围更浓,互动参与感更强,更有利于集中精力,适合进行论文研讨、案例分析、小论文撰写训练,以及"计量经济学实验"课和"高级计量经济学"的上机实验等。

线上与线下教学模式的融合能够最大程度地提高效率,调动学生的积极性,提升学习质量。

(五) 多元化教学评价

教学评价是反映教学创新成效的核心指标。课程团队采取多元化的评价体系(如图6所示),并不单纯以考核结果作为唯一的评价标准,而是提高过程性综合评价占比,更加重视线上教学内容的考评以及案例研究与课堂展示的情况,形成一套更全面系统,更科学规范,可操作性更强,实施效果更好的学生评价模式,更加清晰、全面地衡量教学目标的达成度,全方位对学生的综合素养提出要求并进行考核,培养理论知识扎实、具有综合实践能力的学生。

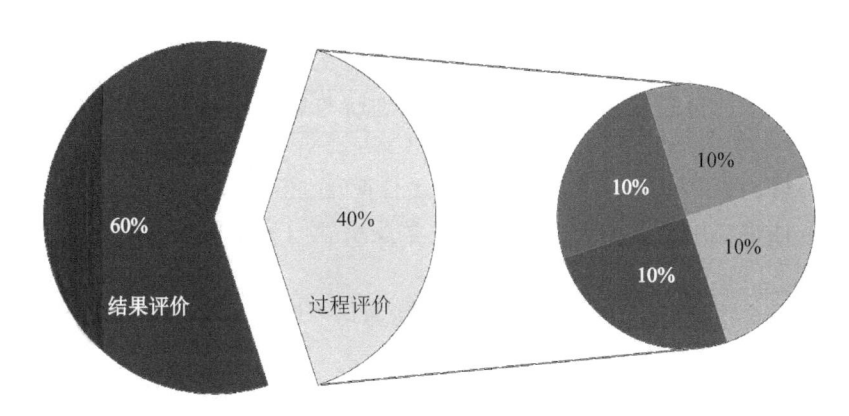

图6 多元化教学评价

三、"本研一体"的混合式计量经济学课程体系建设效果及反思

　　经过将近 20 年的建设,课程团队带领学生取得了丰硕的成果。每年都有大量的学生运用从课程中学到的定量分析方法,参加国家级、省部级、校级等各级创业大赛、学术论文比赛,获得多个奖项。课程团队以计量经济学教学改革实践为基础,获批多个校级教学改革研究项目,并将教学改革经验加以提炼,发表多篇教改论文,获得多项教学奖励,这些对课程团队继续深化教学改革产生了正向激励作用。

　　反思教学团队的教改实践,成效的取得主要源于以下几方面:第一,不断完善课程内容,与时俱进。课程团队不断加强对习近平新时代中国特色社会主义经济思想的理论学习,以及对计量经济学理论与应用的前沿问题的学习。第二,教学方法丰富。运用数字化平台和工具,实现线上线下教学优势互补。第三,考核评价方式多元化。通过采取线上线下评价相结合、过程评价与结果评价相结合、教师评价与学生评价相结合的多元评价方式,实现了对教学全过程的及时反馈。第四,数字教学资源丰富。通过不断引入在线课程、慕课、视频平台的公开课、数字形态教材、数字习题库、教学知识图谱等资源,提高了课程教学的深度和广度。第五,有机融入课程思政。通过案例分析和对有关中国的前沿论文的研讨、结合中国故事讲案例等不同方式,讲好中国故事,强调主流价值引领,坚定学生的"四个自信"。

参考文献

[1] 李子奈.关于计量经济学课程教学内容的创新与思考[J].中国大学教学,2010(1):18-22.

[2] 臧安民.着力提高调查研究质量[N].人民日报,2023-05-23(9).

[3] 董美双.注重应用能力的计量经济学教学及反思[J].高等工程教育研究,2010(S1):127-129.

[4] 王少平,司书耀.论计量经济学教学中的能力培养[J].教育研究,2012,33(7):110-114.

[5] 张益丰,周卫民.本科计量经济学"问题导向型"教学模式研究——基于问卷调查的教学效果实证分析[J].现代教育技术,2010,20(2):77-80.

[6] 史静寰,黄雨恒.本研一体,科教融合:研究型大学提高人才培养质量的重要途径[J].高等理科教育,2020(3):29-34.

[7] 王文东,庞明,阎龙,等."本研一体"课程建设实施路径与实践案例[J].高教学刊,2023,9(1):102-105.

[8] 张晓军.面向未来的教学创新:理念、设计与案例[M].北京:经济管理出版社,2022.

新文科建设视域下政治经济学本研一体化教学改革探索[①]

李跟强

摘要：新文科建设对政治经济学教学提出了更高的要求。针对目前政治经济学本研一体化教学中存在的问题,通过重构教学内容、优化教学方法、拓展教学资源、充分利用各类科研项目和平台、加强教学团队建设等举措,让本研学生更好地掌握政治经济学的原理,提高他们运用政治经济学理论分析和解决现实问题的能力。政治经济学本研一体化教学改革有助于更好做到知识传授、能力培养和价值塑造三位一体育人,可为经济学其他课程群和其他专业的本研一体化教学提供参考。

关键词：本研一体化;政治经济学;新文科建设

2019年4月,教育部等部门召开"六卓越一拔尖"计划2.0启动大会,这标志着新文科建设工程正式启动。2020年11月发布的《新文科建设宣言》指出,推动文科与现代信息技术、文科与理工农医的交叉融合,聚焦应用型文科人才培养,强化价值引领。这为更好培养经济学人才提供了契机,也提出了更高的要求。[1]政治经济学是经济学的重要分支,重点培养学生运用马克思主义的立场、观点和方法分析社会经济运动的一般规律的能力,为建设中国特色社会主义提供理论指导。在新文科建设过程中,如何更好地培养政治经济学人才并提升他们分析和解决问题的能力,是政治经济学教学面临的重要课题。

一、政治经济学本研教学改革的必要性和重要性

新文科建设对政治经济学教学提出了更高要求。除了传统的知识传授外,新文科建设还要求注重学科交叉、强调知识应用、彰显中国价值。[2,3]这些特点要求政治经济学教学做到知识传授、能力培养、价值塑造的三位一体,而政治经济学本研一体化改革有助于更加深入、系统地将这一理念贯穿于教学全过程。[4,5]

政治经济学本科教学以讲授基础知识为本,构建较为系统的知识体系,但不能忽视对本科生的实践能力和科研能力的培养。政治经济学研究生教学以研究领域和方向为重点,围绕学科方向和经典原著进行专题式研讨,但由于跨专业考研、本科知识

---

① 本文获得北京航空航天大学教改课题"新文科建设视域下《政治经济学》课程思政实施路径研究"(4304172)的资助。

遗忘等因素,部分研究生的知识体系存在漏洞。针对本研学生在教学中存在的短板,有必要进行本研一体化改革,帮助本科生提升实践和科研能力,促使研究生重建完整系统的知识体系。

将政治经济学进行本研一体化教学改革,有助于本科生和研究生更加深入和全面地掌握政治经济学的基本原理,同时引导本研学生将理论与实际相结合,提升他们分析问题和解决问题的能力;运用政治经济学基本原理分析中国改革开放伟大实践和中国式现代化进程,引导学生形成正确的价值观、人生观和世界观,这对更好完成立德树人根本任务具有重要的意义。

二、政治经济学本研教学的现状与问题

政治经济学的本科生教学和研究生教学相对独立,针对不同阶段的学生开设不同的课程。对本科生,一般会面向大一新生开设"政治经济学"课程,使用马克思主义理论研究和建设工程重点教材(以下简称"马工程教材")《马克思主义政治经济学概论》,主要讲授马克思政治经济学(资本主义部分)和马克思主义政治经济学(社会主义部分),全面、系统地介绍政治经济学的基本原理。对研究生,各高校根据自身学科发展特点,开设"资本论选读""政治经济学原著选读""政治经济学专题研讨"等课程,对政治经济学经典原著和重点选题进行研讨。

然而,目前政治经济学本研教学仍存在一些问题,特别是不能满足新文科建设的要求,在培养知识交叉、能力多元、全面发展的人才上仍有待进一步提升。首先,本研授课内容重复,重点不够突出。在本科"政治经济学"教学中,马克思政治经济学是重点内容,如剩余价值论、资本循环和周转、资本主义再生产等;而在研究生政治经济学相关课程的教学中,这些内容可能还会占据很多课时,本研教学内容的交叉导致两阶段教学的侧重点不够清晰和突出。其次,政治经济学的研究方向和课程学习不能有效衔接,教学与科研的融合度有待提高。目前教学和科研存在一定程度的脱节,学生大多仅仅将政治经济学作为一门课程来学习,在进行科研训练和论文写作时,多采用目前较为流行的西方经济学和计量经济学等学科的方法,较少以政治经济学基本原理分析和解决现实问题。最后,本研政治经济学科研训练没有实现有序递进,协同度不高。本科生和研究生选修政治经济学相关课程,会以政治经济学基本原理分析现实问题、进行相关科研训练,但目前本研科研训练大多停留在较为基础的层面,未能围绕某一现实问题进行有序深入的推进,并且重复性较高,本研学生较少进行协同纵深的科研训练。

三、政治经济学本研一体化教学改革的探索实践

政治经济学的相关课程,北京航空航天大学在本科阶段设有"政治经济学""经济

思想史"等,在研究生阶段设有"政治经济学原著选读"等。其中,"政治经济学"面向文科大类新生(知行书院),"经济思想史"面向人文社会科学学院、人文与社会科学高等研究院经济学专业大三学生,"政治经济学原著选读"面向全校研究生和经济学高年级本科生。按照新文科建设在注重学科交叉、强调知识应用、彰显中国价值等方面的要求,针对目前存在的问题,我们对政治经济学本研一体化教学进行了改革探索,具体如下。

(一) 重构教学内容

针对政治经济学本研教学内容重复、侧重点不突出等问题,我们对本科课程"政治经济学""经济思想史"和研究生课程"政治经济学原著选读"的教学内容和重点进行了调整优化。政治经济学本科教学注重基础性和系统性,帮助学生建立起相对完整的政治经济学理论体系,注重激发本科生的研究兴趣。而政治经济学研究生教学注重应用性和创新性,在本科建立的知识框架下对某一或某些问题进行更加深入的分析,将基本原理应用于实践,在解决实际问题的过程中对现有理论进行完善创新,着力提升研究生的创新能力。

具体地,本科生课程"政治经济学"重点围绕商品和货币、资本主义经济、社会主义经济等方面,全面、系统地讲授政治经济学的基本原理,让学生对政治经济学的研究内容构建起相对完整全面的理论体系;本科生课程"经济思想史"重点梳理各主要经济学流派的演进、内容和影响等,针对政治经济学相关流派,要特别明晰马克思政治经济学在经济思想史中的地位、与其他经济学流派的承启关系、在现代的发展演进等;研究生课程"政治经济学原著选读"基于政治经济学经典著作,针对政治经济学的核心内容和现实热点问题,注重不同经济学家关于某一问题的观点比较,关注如何以经典政治经济学理论对现实热点问题进行深入分析。

此外,北京航空航天大学对本科生开放本研贯通选课,高年级本科生在学有余力的情况下可以选修研究生课程。"政治经济学原著选读"是经济学本科生"本研一体化"模块的课程之一,选修"政治经济学""经济思想史"后,通过进一步选修研究生课程"政治经济学原著选读",可实现对本科生的长程培养和递进训练,有助于本科生更扎实地掌握政治经济学的原理,同时能更有效地提升学生运用理论分析现实问题的能力。

(二) 优化教学方法

利用雨课堂等智慧教学工具,增加启发式互动交流。雨课堂是清华大学"学堂在线"开发的线上线下相结合的智慧教学工具,利用该工具可实现师生之间的实时互动。"政治经济学"教学可利用雨课堂的弹幕、投稿、随机点名等功能,引导学生积极深度参与,启发学生深入思考。"政治经济学"在大一开设,有较多学生选修,传统提问式互动不能让多数学生参与进来,多提问几位学生会占用较长的时间,而雨课堂的弹幕、投稿、习题等功能可以让绝大多数学生的观点得到关注,基于答案文本的词云能直观快速地展现学生对某一问题的看法,这样有助于教师更好地掌握学生的情况和开展下一步的引导互动。

开设专题研讨,在教学中培养学生的科研兴趣和能力。针对政治经济学在教学和科研上融合度有待提高的问题,我们在本科"政治经济学"教学中适度增加了专题研讨,有针对性地选择课程中的重点知识点,开展理论与实践专题研讨。比如,在讲授马克思的劳动价值论时,针对近年来出现的无人工厂现象,开展劳动价值论专题研讨,鼓励学生搜集相关典型案例、期刊论文、学术著作等资料,对劳动价值论的适用性进行讨论;同时鼓励引导学生针对这一问题进行深入细致的研究,培养学生独立思考的能力。

建立本研学习协作小组,进行深度科研训练。利用"政治经济学原著选读"本研贯通选课和面向全校学生选课的优势,在教学中建立本研学习协作小组,一个小组不仅可包括经济学研究生和高年级本科生,还可包括其他专业的研究生等,在科学研究中可发挥多学科交叉的优势,以对一个问题进行更加深入全面的研究。比如,在讲授资本的有机构成和失业时,引导学生思考大规模引入机器设备对劳动者就业的影响,特别是在人工智能时代,随着工业机器人的引入,劳动力市场会发生怎样的变化。围绕这一话题,鼓励经济学本研学生和其他专业的研究生(如计算机专业、人工智能专业等)一起,基于自己的专业优势,对这一问题展开深入的讨论。

(三)拓展教学资源

编写政治经济学配套教材。政治经济学将马工程教材"马克思主义政治经济学概论"作为指定教材,但事实上,马工程教材涵盖了马克思《资本论》的核心论述和思想,蕴含着深奥的原理和方法,仅依靠马工程教材,很多学生难以完全理解政治经济学的原理,也难以对改革开放以来的伟大实践有深入的理解。针对这一问题,教学团队合编了《政治经济学:内容导读与案例习题精粹》(北京航空航天大学出版社2023年4月出版)。该教材不仅提供了马工程教材的内容导读,还提供了大量习题和典型案例,习题可启发学生对某一问题进行深入思考,典型案例则可以帮助学生做到将理论与实际相结合,用政治经济学基本原理去思考和分析现实问题。

依托一流本科专业和一流本科课程建设,推动本研课程资源共建共享。北京航空航天大学经济学是国家级一流本科专业建设点,"政治经济学"是北京航空航天大学一流本科课程,除了使用马工程教材和配套教材外,课程团队还构建了北京市优质教材《经济学悖论的破解》《〈资本论〉选读》等教材库,论文和专著库、案例库、习题库各1个,同时还建有经济行为与政策模拟分析实验室,以实现政治经济学本研教学的资源共建共享,不断更新完善课程资源库,服务本研一体化教学。

（四）充分利用各类科研项目和平台

引导学生充分利用各类科研平台，以研促学，加深学生对基本原理的理解，提升运用理论解决现实问题的能力。一方面，引导学生参加各类学科竞赛和创新创业项目，比如"冯如杯""社科杯""人文杯"等校级竞赛，"挑战杯""数学建模大赛""互联网＋"等国家级和省部级竞赛，以及大学生创新创业训练项目等国家级和省部级项目，特别是鼓励政治经济学本研学生和其他专业选课学生组队参赛，充分发挥跨学科优势。在教学团队的组织指导下，学生多次获"挑战杯""冯如杯""社科杯""人文杯"一等奖，多名学生的全国大创项目结题优秀。

鼓励学生参与教师主持的科研项目，运用政治经济学原理分析和解决问题。政治经济学教学团队主持了北京市社科基金重点项目等课题，鼓励感兴趣的学生参与课题，运用马克思主义的方法来分析现实问题，引导学生进行学术研究和写作。比如，我们指导多名学生围绕京津冀协同发展、创新生态系统、价值链分工等课题展开研究，培养了他们的探究精神、批判思维和研究创新能力，相关成果发表在CSSCI、SCI期刊和北京市内参上。

（五）加强教学团队建设

优化政治经济学教学团队，形成知识年龄结构互补的多层次教师队伍。教学团队既包括具有丰富教学经验的资深教师，对《资本论》等著作颇有研究，能深入浅出地讲解政治经济学的基本原理，同时还包括刚博士毕业的年轻教师，相对熟悉研究热点和新型智慧教学工具，更了解当代学生的特点。资深教师依托扎实的教学经验和理论功底，让学生搞懂弄通马克思政治经济学的深邃奥义；年轻教师通过引入前沿研究和调动课堂气氛，激发学生对马克思政治经济学的学习兴趣和对现实热点问题的研究兴趣。

充分发挥导师制作用，构建连通课堂内外的导学关系。北京航空航天大学为每一位本科生配备了学业导师，本科生还可以跨专业申请专属导师。除了跟随教学团队主讲老师对政治经济学的课堂讲解外，选课学生还可以在课外与经济系学业导师联系。针对政治经济学相关问题，学生可积极与学业导师讨论交流，与他们建立长期导学关系，可一直延续到本科毕业论文甚至研究生阶段，以便持续深入进行经济学研究，这样更有利于系统性培养学生的科研能力。

四、总　结

新文科建设对政治经济学教学提出了更高的要求，针对目前政治经济学本研一体化教学中存在的授课内容侧重点不够突出、教学与科研融合度不高、本研科研训练没有协同有序推进等问题，政治经济学教学团队做了有益探索。通过重构教学内容、优化教学方法、拓展教学资源、充分利用各类科研项目和平台、加强教学团队建设等举措,让本研学生更好地掌握政治经济学的原理,提高了他们运用政治经济学的理论分析和解决现实问题的能力,更好做到知识传授、能力培养和价值塑造三位一体育人,以为我国经济社会发展和中国式现代化培养经济学人才。政治经济学本研一体化教学改革探索可为经济学其他课程群和其他专业的本研一体化教学提供参考。

参考文献

[1] 郑展鹏,陈少克,吴郁秋.新文科背景下经济学类一流专业建设面临的困境及实践[J].中国大学教学,2022(9):33-39.

[2] 陈周旺,段怀清,严峰,等.新文科:学术体系、学科体系、话语体系——复旦大学教授谈新文科[J].复旦教育论坛,2021(3):5-23.

[3] 龙宝新.中国新文科的时代内涵与建设路向[J].南京社会科学,2021(1):135-143.

[4] 张照旭,蔡三发,黄建业.本研一体化:日本工科教育改革的新模式[J].高等工程教育研究,2019(5):115-119.

[5] 闫广芬,尚宇菲.本研贯通人才培养模式的核心要义及发展路向[J].研究生教育研究,2020(2):34-39+73.

本研一体化背景下"计量经济学实验"课程教学改革探索

赵雨涵 聂 晨

摘要：本研一体化课程建设是本研一体化教学改革的根基，是培养卓越研究型人才的重要抓手。"计量经济学实验"作为北京航空航天大学经济学学科基础课程，是实现文理交叉"新文科"建设的重要发力点之一。本文立足于国家人才培养目标，结合学校精品文科建设，从合理设计教学环节、教学内容、教学模式和考核方式等方面，探索本科生与研究生同堂上课并分组完成理论与实践学习的本研一体化"计量经济学实验"教学改革，从而切实提升拔尖创新人才培养质量。

关键词：本研一体化；计量实验课；课程建设；教学改革

一、引 言

习近平总书记在中共中央政治局第五次集体学习时强调"教育兴则国家兴，教育强则国家强。建设教育强国，是全面建成社会主义现代化强国的战略先导，是实现高水平科技自立自强的重要支撑，是促进全体人民共同富裕的有效途径，是以中国式现代化全面推进中华民族伟大复兴的基础工程"。从教育大国到教育强国是一个系统性跃升和质变，必须以改革创新为动力。高等教育作为建设教育强国的龙头，必须通过持续推动教育教学改革来提升人才培养质量，这就对本科课程的建设与教学提出了新的要求。为此，北京航空航天大学着重做好"本研贯通"培养，打造"前沿性、交叉性、高阶性、挑战度"的核心课程，切实提升拔尖创新人才培养质量。

"计量经济学实验"作为北京航空航天大学精品文科——经济学的学科基础课程，系统介绍宏观数据与微观数据的收集与预处理，深入讲解计量经济学模型的原理与建构，详细演示 STATA 统计软件的编码与操作，全面解析模型的估计结果与经济学含义。此课程兼具理论价值和应用价值，能够帮助学生理解和掌握经济学研究方法，提高学生软件操作和数据分析水平，培养学生解决实际经济问题并撰写研究性论文的能力，是"新文科"建设中文理交叉的重要发力点之一。本文以本科课程"计量经济学实验"为例，从现状分析、教学内容、教学模式及成绩考核等方面，阐述本研一体化的建设思路和教学改革措施，以为新文科建设和本研一体化课程建设提供参考。

二、本研一体化建设的内涵与情况

目前,本研一体化主要是指"本研贯通"的人才培养模式。该模式以兼顾本科与研究生阶段教育为目的,从本科入学新生中遴选优秀学生,统一安排课程、科研实践、管理考评,整合教育资源,实现本研连续无缝对接,从而培养卓越的研究型人才。[1]这一模式已在美国、德国、日本等国的世界一流高校中盛行,我国"双一流"建设大学也不例外。[2-3]其中,有通过建设独立学院来推行本研一体化模式的,如北京航空航天大学的北航中法工程师学院、西北工业大学教育实验学院等;有通过依托优势专业建设实验班来推行本研一体化模式的,如复旦大学计算机科学与技术拔尖人才试验班、上海交通大学钱学森工程科学试点班;还有通过国内外合作来推行本研一体化模式的,如南开大学"3+1+1"国内外联合培养项目等。

本研一体化人才培养目标的实现离不开本研一体化课程建设。如何将研究生阶段的高水平科研成果融入本科生教学,同时又将本科生阶段庞大的知识体系渗入研究生科研,实现"本中有研,研中有本",是重中之重。然而,传统的分段式教学往往使本科阶段和研究生阶段出现授课内容重复、缺失或陈旧,课程衔接不紧密,难度进阶不合理,创新实践缺乏技术支撑等问题,不利于学生对基础理论的深入掌握和科研能力的综合提升,对创新人才的培养构成阻碍。[4]本文立足于国家人才培养目标,结合学校精品文科建设,对"计量经济学实验"课程进行本研一体化教学改革,探索如何将本研课程有机整合,实现"前沿性、交叉性、高阶性、挑战度"的本研一体化核心课程建设目标。

三、本研一体化"计量经济学实验"课程建设

(一)课程现状

"计量经济学实验"是以计量经济学为基础的延伸课程,既涵盖计量经济学的理论讲授,又包含计量经济学的实验操作。该课程是北京航空航天大学经济学专业本科生的学科基础课,同时也是研究生阶段"高级计量经济学"的重要组成部分。在传统教学模式中,本科生课程的开设时间为三年级秋季学期,共32学时。课程内容主要包含最小二乘法、广义最小二乘法、最大似然估计法、时间序列模型、面板数据模型,以及与上述5个模块相匹配的实验课程(包括案例设计并运用STATA统计软件进行数据收集、预处理以及模型估计和分析),目的是使学生掌握经济学研究的实证方法并能够操作STATA软件进行模型估计,从而培养学生分析经济数据、解决经济学现实问题的能力,打牢学生开展经济学研究、撰写科研论文的理论基础与实践基础。研究生阶段"高级计量经济学"课程的开设时间为一年级秋季学期,共48学时,

课程内容主要包括本科阶段的理论模型及部分其他高阶模型,侧重于对本科阶段的理论模型进行更深层的数学推导,但缺乏实验操作。

总体而言,本研课程独立开设出现了部分内容重复或缺失,缺乏系统性,高低阶衔接不足,前沿性欠缺,挑战度不高等问题。因此,这两门课程适宜进行贯通式的本研一体化课程建设,这不仅能够深化和拔高本科生的基础知识储备,还可以提升研究生学习的系统性和创新实践性,不同程度地增强本科生和研究生的科研能力,切实提升拔尖创新人才的培养质量。

(二) 课程内容安排

根据课程现状可知:本科生对计量经济学的理论学习相对较浅,实践能力相对较强;研究生理论学习更深,但并未涉及实验内容。此外,考虑到部分研究生来自其他高校,本科阶段知识储备差别较大,不能完全与本校本科生阶段的计量经济学很好地衔接上。因此,为了提高本科生的挑战度和前沿性,拔高本科生的科研能力,并消除研究生课程的内容重复或缺失,提升系统性和高低阶衔接度,本课程将本科生与研究生合并授课。开设时间为本科生三年级和研究生一年级秋季学期第1—16周,每周4学时,合计64学时。具体教学内容安排见表1。

表1 "计量经济学实验"课程教学内容安排

授课时间	教学内容	难　度	基本要求及重点	学　时
第1周 第1-2节	计量经济学实验课导论	低阶	1.了解什么是计量经济学 2.掌握经济数据的特点与类型 3.掌握实证研究思路	2
第1周 第3-4节、 第2周 第1-4节	最小二乘法 (OLS)	低阶	1.掌握一元线性回归模型和多元线性回归模型 2.掌握最小二乘法内在原理 3.掌握回归中常见的函数形式 4.理解、检验异方差问题并掌握异方差的处理方法 5.理解、检验自相关问题并掌握自相关的处理方法	2
		高阶	1.OLS的代数推导 2.OLS的小样本性质及其证明 3.T、F检验步骤,P值计算,置信区间计算,两类错误 4.OLS大样本理论、大数定律与中心极限定理 5.OLS的大样本性质及其证明 6.大样本检验	4

续表 1

授课时间	教学内容	难度	基本要求及重点	学时
第 3 周 第 1—2 节	最小二乘法的 STATA 操作	中阶	1. 使用 STATA 软件完成 4 个实验 2. 掌握 STATA 生成交互项的方法 3. 掌握 STATA 剔除变量时间趋势和季节性的方法 4. 掌握 STATA 实现模型估计的方法	2
第 3 周 第 3—4 节、 第 4 周 第 1—4 节	广义最小二乘法（GLS）	低阶	1. 掌握广义最小二乘原理 2. 理解并检验异方差问题 3. 掌握异方差问题的处理方法 4. 理解并检验自相关问题 5. 掌握自相关问题的处理方法	2
		高阶	1. 怀特检验设定与计算 2. BP 检验设定与计算 3. OLS＋稳健标准差、GLS 模型、WLS 模型、FGLS 模型 4. BG 检验的设定与计算 5. DW 检验的设定与计算 6. OLS＋异方差自相关稳健标准误	4
第 5 周 第 1—2 节	广义最小二乘法的 STATA 操作	中阶	1. 掌握 STATA 检验异方差的方法 2. 使用 STATA 实现存在异方差情况下的模型估计 3. 掌握 STATA 检验自相关的方法 4. 使用 STATA 实现存在自相关情况下的模型估计	2
第 5 周 第 3—4 节、 第 6 周 第 1—4 节	最大似然估计（MLE）	低阶	1. 掌握最大似然估计法的定义 2. 理解线性回归模型的最大似然估计原理	2
		高阶	1. 掌握非线性回归模型的最大似然估计及数值解 2. 信息矩阵与无偏估计的最小方差 3. 最大似然法的大样本性质 4. MLE 的渐进协方差矩阵计算 5. 3 类渐进等价的统计检验 6. 准最大似然估计法	4
第 7 周 第 1—2 节	最大似然估计的 STATA 操作	中阶	1. 掌握 STATA 检验正态分布的命令 2. 掌握 STATA 实现最大似然估计的命令	2

续表 1

授课时间	教学内容	难度	基本要求及重点	学时
第 7 周 第 3—4 节、 第 8 周 第 1—4 节	时间序列模型	低阶	1. 了解平稳时间序列的数字特征 2. 掌握自回归模型 3. 掌握移动平均模型 4. 掌握 ARMA 模型 5. 掌握格兰杰因果检验	2
		高阶	1. 自回归分布滞后模型及其计算 2. 修正误差模型及其计算 3. 向量自回归模型及其计算 4. 非平稳序列的检验与处理 5. DF、ADF 和 PP 单位根检验 6. 协整检验	4
第 9 周 第 1—2 节	时间序列模型的 STATA 操作	中阶	1. 使用 STATA 实现单位根和协整检验 2. 使用 STATA 处理时间趋势项和季节调整 3. 掌握 STATA 对自回归模型、移动平均模型、ARMA 模型、自回归分布滞后模型、修正误差模型、向量自回归模型的估计和预测 4. 掌握 STATA 对格兰杰因果分析	2
第 9 周 第 3—4 节、 第 10 周 第 1—4 节	面板模型	低阶	1. 掌握混合回归模型 2. 掌握固定效应模型 3. 掌握随机效应模型	2
		高阶	1. 长面板数据特征 2. 组内自相关的 FGLS 3. 组内自相关与组间同期相关的 FGLS 4. 组间异方差检验、组内自相关检验、组间截面相关的检验 5. 变系数模型 6. 动态面板模型	4
第 11 周 第 1—2 节	面板模型的 STATA 操作	中阶	1. 使用 STATA 实现混合面板估计 2. 使用 STATA 实现固定效应模型估计 3. 使用 STATA 实现随机效应模型估计 4. 使用 STATA 处理组间异方差检验、组内自相关检验、组间截面相关的检验 5. 使用 STATA 实现差分 GMM	2

续表 1

授课时间	教学内容	难　度	基本要求及重点	学　时
第 11 周 第 3—4 节、 第 12 周 第 1—4 节	离散被解释 变量模型	低阶	1.掌握 LPM 模型 2.掌握 Logit 模型 3.掌握 Probit 模型	2
		高阶	1.二值选择模型的微观基础 2.二值选择模型中的异方差问题 3.多值选择模型 4.排序数据 5.计数模型	4
第 13 周 第 1—2 节	离散被解释 变量模型的 STATA 操作	中阶	1.使用 STATA 处理 LPM 模型 2.使用 STATA 处理 Logit 模型 3.使用 STATA 处理 Probit 模型 4.使用 STATA 实现异方差 Probit 模型估计 5.使用 STATA 实现多值选择模型、排序数据和计数模型	2
第 13 周 第 3—4 节、 第 14 周 第 1—4 节	联立方程模型	低阶	1.掌握联立方程模型内涵与结构式 2.联立方程模型的识别	2
		高阶	1.单一方程估计法（普通最小二乘法、间接最小二乘法、二阶段最小二乘法、广义矩估计法、有限信息最大似然估计法） 2.系统估计法 3.三阶段最小二乘法	4
第 15 周 第 1—2 节	联立方程模型 的 STATA 操作	中阶	1.使用 STATA 处理普通最小二乘法、间接最小二乘法、二阶段最小二乘法 2.使用 STATA 处理广义矩估计法、有限信息最大似然估计法 3.使用 STATA 处理三阶段最小二乘法	2
第 15 周 第 3—4 节、 第 16 周 第 1—2 节	内生性与 工具变量	低阶	1.理解内生性产生的原因 2.掌握工具变量法 3.掌握二阶段最小二乘法	2
		高阶	1.矩估计 2.二阶段最小二乘法原理与推导 3.判断弱工具变量 4.掌握对工具变量外生性的过度识别检验 5.GMM 的假定、推导和性质	2

续表 1

授课时间	教学内容	难度	基本要求及重点	学时
第16周 第3—4节	内生性与 工具变量的 STATA操作	中阶	1. 使用STATA引入工具变量进行OLS回归 2. 使用STATA进行二阶段最小二乘估计 3. 使用STATA进行过度识别检验 4. 使用STATA进行弱工具变量检验 5. 使用STATA进行外生性检验	2

四、本研一体化"计量经济学实验"课程混合教学模式设计

课程采取线上与线下、理论与实践相结合的混合式教学模式。在课前,授课教师通过网络平台为学生提供充足的理论与实验学习资源,包括 PPT 演示文稿、参考书和文献、实验案例、案例数据、案例所对应的 STATA 代码。这样有助于学生在上课前了解课程内容,熟悉案例所要解决的问题,发现理论与实验的重点、难点,启发学生用数理方法解决经济学问题。

在课上,授课教师先进行理论讲解,使学生理解并掌握各个理论模型的内涵与推导,以便学生合理选择用于经济学问题分析的计量模型。然后,使用 STATA 统计软件详细介绍案例中数据的预处理、变量生成、模型设定与估计,使学生完整掌握代码的编写方法与实现过程,并教会学生对估计结果进行解释。这样可以帮助学生将理论实际相联系,更深刻地掌握经济学实证方法。此外,授课教师用雨课堂记录学生出勤、课堂答题与课堂讨论等情况,及时了解学生对知识的掌握情况,以便调整课程进度与难度。

在课后,授课教师给出经典文献以及数据,让学生模仿验证,完成"验证性案例",使学生能够有效消化吸收每节课所学的理论知识,并熟练掌握相关模型的软件操作。在此基础上,启发学生创新并完成"设计性案例"。该实验将分组开展,每组成员必须有1~2名研究生以及若干本科生,以发挥研究生在科研方面的优势,带动本科生开展科学研究。"设计性案例"充分给予学生对所研究问题的自主把控,并锻炼学生搜集文献和数据,构建模型,估计模型并完成实证分析的能力。最后,授课教师组织线上讨论班对小组研究成果进行点评,给出合理可行的修改建议,如图1所示。

五、本研一体化"计量经济学实验"课程成绩考核形式

本研一体化的目的是提升本科生科研水平,因而本课程采用全过程考核的形式。

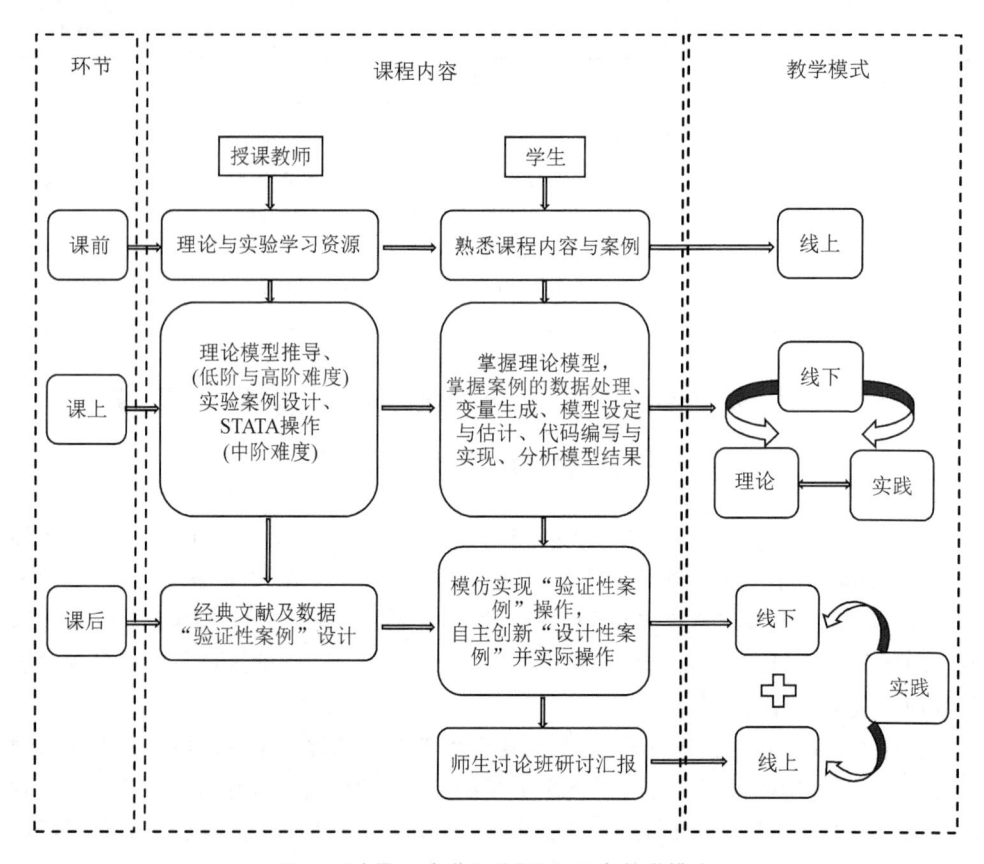

图 1 "计量经济学实验"课程混合教学模式

学生成绩由三部分组成：课上考核、课下考核与期末考核。课上考核根据学生课堂出勤情况、课上讨论参与度、课上习题正确率进行评分，占总成绩的10%；课下考核根据学生完成"验证性案例"与"设计性案例"的情况，并且结合线上讨论班的汇报情况打分，占总成绩的30%；期末考核不再采用闭卷考试形式，而是以完成一篇经济学实证论文作为考核形式，综合考量选题意义、计量模型的科学性、经济学解释的合理性、论文规范性等方面，分数占总成绩的60%。

六、结　论

本研一体化课程建设是本研一体化人才培养模式的根基，是培养卓越研究型人才的重要抓手。本课程通过合理设计教学环节、教学内容、教学模式和考核方式，实现本科生与研究生同堂上课、分组完成理论与实践学习任务的本研一体化教学改革。这不仅弥补了研究生阶段部分内容缺失，缺乏系统性，高低阶衔接不足的问题，也弥补了本科生前沿性欠缺和挑战度不高等问题。同时，还发挥了研究生在学术研究方面的引领作用,调动了本科生在实践方面的积极性,不同程度地增强了本科生和研究生理论与实践能力,切实提升了拔尖创新人才培养质量。"计量经济学实验"课程本研一体化教学改革可为新文科建设和本科一流课程建设提供借鉴。

参考文献

[1] 闫广芬,尚宇菲.本研贯通人才培养模式的核心要义及发展路向[J].研究生教育研究,2020(2):34-39+73.

[2] 刘一凝,詹亚力,金衍,等.行业特色高校"本研一体"拔尖创新人才培养体系探索与实践[J].北京教育(高教),2021(9):78-80.

[3] 马建山,冯其红,侯影飞,等."本研贯通"培养一流人才的改革与实践——以中国石油大学(华东)为例[J].山东教育(高教),2019(Z2):83-85.

[4] 史金铭,滕春波,隋广超,等.生物化学与分子生物学本研教学一体化探索与实践[J].生物工程学报,2023,39(2):780-789.

基于学科交叉的文科类科研课堂建设实践

牛朝辉　王志云

摘要：学生创新能力的培养是高校的重要任务之一。课程团队积极响应国家和学校的要求,开设"政策分析与定量研究"科研课堂,发挥学院的多学科优势,以提高学生解决复杂实际问题的创新能力与科研能力。课程团队从创新课程内容、变革教学方法、改善教学环境、多元化考核方式、丰富教学资源及加强课程思政等方面开展教学改革。课程建设达到了学生的期望目标,学生科研能力有显著提升,学生对课程满意度较高。对于文科类科研课堂的建设,应当厘清科研课堂教学与传统课程教学之间的区别,完善课时量的计算与激励方法,并采取弹性化的课时设置。

关键词：科研课堂;学科交叉;创新能力培养

党的十八大以来,党和国家高度重视高校学生创新能力的培养。习近平总书记在党的二十大报告中指出"人才是第一资源、创新是第一动力""加快建设高质量教育体系"。为贯彻习近平新时代中国特色社会主义思想和全国教育大会精神,全面落实教育部相关文件要求,北京航空航天大学(以下简称"北航")进一步推进科教融通,探索构建具有北航特色的科研育人模式,提出了科研课堂计划。

为了积极响应党和国家及学校对于高质量人才培养的要求,课程团队于2022年开设了"政策分析与定量研究"科研课堂,以公共管理学院的经济行为与政策模拟分析实验室、北航廉洁研究与教育中心为依托,充分发挥公共管理学院在公共管理学、经济学、教育学、心理学等学科方面的教育教学资源,提高学生综合所学知识,以多学科思维解决复杂实际问题的创新能力和科研能力。

本文主要从教学改革的背景、实践及成效方面介绍课程团队在文科类科研课堂建设过程中的实践探索,并进行教学反思,提出未来提升的方向。

一、教学改革背景与进程

(一) 教学改革背景

课程团队开展"基于学科交叉的文科类科研课堂"教学改革,有赖于国家、学校和学院的相关政策支持。本次教学改革是践行习近平新时代中国特色社会主义思想和全国教育大会精神的教学实践。党的十八大以来,习近平总书记强调,要走好人才自主培养之路。《教育部关于加快建设高水平本科教育全面提高人才培养能力的意见》《教育部关于深化本科教育教学改革全面提高人才培养质量的意见》等文件中都强调了科教协同育人，前者提出："推动国家级、省部级科研基地向本科生开放，为本科生参与科研创造条件，推动学生早进课题、早进实验室、早进团队，将最新科研成果及时转化为教育教学内容，以高水平科学研究支撑高质量本科人才培养。"

本次教学改革是建设北航"高质量人才培养"体系的重要任务。北航是新中国成立后所建的第一所航空航天高等学府，坚持传承空天报国的情怀使命，把服务国家作为最高追求，系统谋划和扎实推进新时代高质量人才培养体系建设，其中一项重点任务与举措即为创新科教融通培养范式而将科研课堂纳入本科生培养方案。从2021年开始，北航建立了专门以科研反哺教学为目的的科研课堂教学体系，科研课堂面向全校大二、大三本科生开放选课，从最初的六个学院做试点学院，逐步扩大。2022年秋季学期开始，全校科研实验室向全体本科生开放，旨在打造"科研导师、实验室开放日、微课题"三位一体的北航特色科研育人模式。科研课堂包括三部分：全校有科研任务的教师担任本科生"科研导师"；全校省部级以上重点实验室，每个实验室每周拿出1/5的时间做"实验室开放日"；每个重点实验室为学生提供规定学时的科研训练任务"微课题"。[1]

本次教学改革是在北航公共管理学院多学科交叉与融合发展背景下的教学改革尝试。北航公管学院内设行政管理系、公共政策与应急管理系、经济学系、心理学系、汉语言文化系、高等教育研究院等六个系（院），涵盖四个学科门类（管理学、教育学、经济学、文学）。学院教师学科背景丰富，学术资源充实，研究方法多样，优势明显。本课程充分发挥学院多学科特色，在微课题的开展过程中，积极引入其他学科的科研力量、实验设备等资源，将多学科的研究方法综合运用到廉政与政策分析的微课题研究中，探索内涵式发展新路径。

（二）教学改革进程

本课程的建设经历了从教师自主试点到正式设立科研课堂的阶段，不断改革创新，向高阶性、广泛性、多元化、多学科交叉方向发展，如图1所示。

自2011年开始，本课程教学团队成员开始指导北航学生进行政策分析、廉政分析等方面的科学研究，发表了多篇CSSCI论文。初期科研指导主要针对研究生，对学生科研能力的培养较为分散，不成体系。

自2016年开始，自申请人加入公共管理学院做博士后以来，开始探索将自身的经济学学科背景与学院优势学科（公共管理学、心理学、政治学、纪检监察学等）相融合，运用定量分析方法研究廉政问题。科研团队在同期开始探索"课题组组会制度"并使其逐步规范化，课题组的老师与学生在每周固定时间参加，讨论研究进度。这成为本科研课堂得以展开的基础。

自2017年以来，本课程教学团队成员开始将本科生科研能力的培养纳入科研团

```
教师自主试点阶段                                    正式设立科研课堂

┌─────────────┐  ┌─────────────┐           ┌─────────────┐
│2011年以来,指导学生│ │2017年以来,指导本科生│       │2022年底,获批公共│
│发表多篇CSSCI论文 │ │多人次获得"社科杯"一│       │管理学院教学改革项│
│             │ │等奖与"冯如杯"一、二│       │目重点资助项目   │
│             │ │等奖         │           │             │
└─────────────┘  └─────────────┘           └─────────────┘

┌─────────────┐  ┌─────────────┐           ┌─────────────┐
│2016年,开始探索将公共管理│ │2022年春季学期,在│       │2022年秋季学期,正│
│学、政治学、经济学等多学科│ │本科导学活动中试点│       │式开设"政策分析与│
│交叉开展廉政研究,并探索课│ │"科研论文孵化"计划│       │定量研究"科研课堂│
│题组组会制度      │ │             │           │             │
└─────────────┘  └─────────────┘           └─────────────┘
```

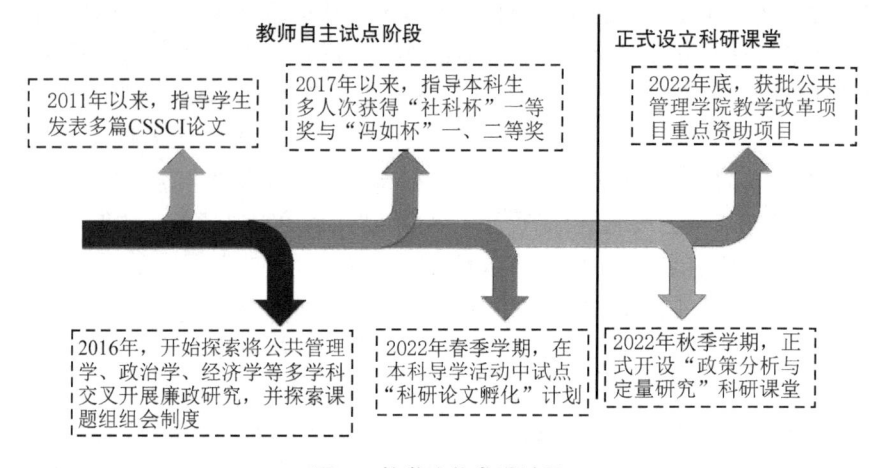

图 1　教学改革发展过程

队体系的建设中,指导学生获得"冯如杯"一、二等奖及"社科杯"一等奖等多项科研类奖项,并多次指导优秀本科毕业论文。

自 2022 年春季学期开始,为了积极响应北航"科研课堂试点工作方案"的要求,本课程教学团队开始摸索科研课堂的形式与内容,以团队教师所带大二到大四本科生为对象实施"科研论文孵化"计划。

自 2022 年秋季学期起,课程团队正式开设"政策分析与定量研究"科研课堂,在 13 名申请学生中遴选出具备一定科研经历的 8 名学生。此后的每个学期,课程团队都根据学科热点确定微课题库,由学生选取感兴趣的课题开展研究。

2022 年年底,课程团队基于现有的科研课堂建设经验申请北航公共管理学院改革项目,获得重点项目资助。

经过近几年的摸索,逐渐形成了老中青教师相结合的教师梯队,以及包含博士后、博士研究生、硕士研究生及本科生的分批次的科研团队。前期的经验为科研课堂的开设奠定了基础,开创了独特的运行模式。

(三)教学改革解决的关键问题

科研课堂是一个新生事物,与传统的课程教学有诸多不同,具有教学内容先进性、教学方法研讨性、教学资源丰富性、考核方式过程化、自主与团队学习相结合等特点。在课程团队的教学实践中,解决的关键问题主要有以下四点。

第一,如何提升学生创新性科研的能力。课程团队主要通过优化科研课堂的内容、授课模式、考核方式及融入课程思政等手段,使学生能够:巩固、扩展、综合运用所学的基础理论和专业知识,独立分析、解决政策分析问题;掌握定量研究和设计的基本方法,对研究结果展开有效分析;进行中英文文献的查阅与综述,数据的收集、处理与分析,图表的制作与呈现,沟通交流与文字表达,以及规范撰写论文等,为学位论文和科技论文的写作奠定基础。

第二,如何确保微课题选题的创新性、前沿性与可行性。教学团队主要通过引导学生学习本领域前沿学术发表,分析国家级课题指南与获批项目,跟进工作论文平台最新成果等方式,确保微课题的创新性与前沿性,并通过专家交流会、模拟开题等方式确保选题的可行性。

第三,如何实现学科交叉与融合。一方面,教学团队成员拥有经济学、公共管理学、纪检监察学等不同学科背景,在科研课堂的开展过程中充分发挥各自的学科优势。另一方面,通过与本学院其他系教师的交流互动,引导学生将理论内容与公共管理学、纪检监察学、经济学、心理学等学科的研究方法相结合,将其他学科的研究方法、实验设备等融入学生的科学研究中。

第四,如何加强课程思政。教学团队结合本课程特点、思维方法和价值理念,深入挖掘课程思政元素,寓价值观引导于知识传授和科研能力培养之中,帮助学生树立正确的世界观、人生观、价值观,达到润物无声的育人效果,落实立德树人的根本任务。通过回顾我国反腐败斗争的历史,结合实践讲述具体反腐败案例,整理党和国家重要会议对于反腐败斗争的表述等不同方式,将课程思政有机融入微课题。

二、教学改革实践

(一) 总体思路

课程团队在深入分析国家及学校有关科研课堂的文件精神以及建设科研课堂实践探索的基础上,制定了教学改革目标,并进行总体设计,在教学内容、教学方法、教学环境、教学资源、考核方式及课程思政六方面进行改革创新,如图2所示。

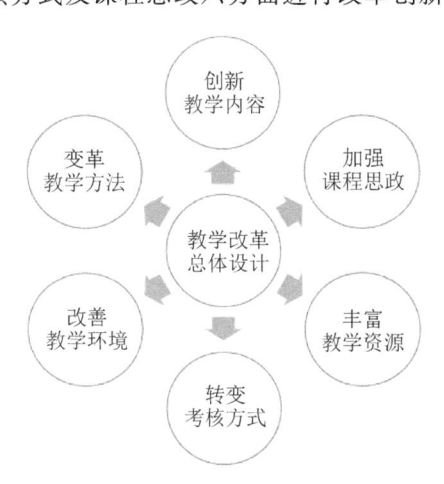

图 2 教学改革总体思路

（二）创新课程内容

课程坚持理论联系实际，不断完善，与时俱进。科研课堂的内容设置总体分为理论部分与实践部分。进一步地，课程活动分为三大模块：第一模块是教师以科学研究的自然过程为主线，讲授社会科学中政策分析的定量研究方法，这一部分以教师讲授为主；第二模块是学生对经典论文的展示与研讨，每两周一次，每次先由一名学生展示本学科领域近年来在顶尖期刊发表的经典论文，再由其余学生提问交流，并就论文中的主题、内容、方法等进行深入研讨，以调动学生的主动思考；第三模块是学生论文撰写的推进与指导，重在学生的科研实践。学生就自己的微课题展开研究，每两周提交学习报告，在课堂上报告论文进度，并由师生共同交流微课题推进中存在的问题，讨论论文进一步推进的方向。

课程内容的总体设置以科研论文的展开为主线，涵盖的课程内容、基本要求与学时分配如表1所列。

表1 课程内容、基本要求及学时分配

序号	教学内容	基本要求	学时
1	科研选题的来源	掌握科研选题的主要来源	2
2	文献的查阅与综述	1. 能够运用常用的文献平台，检索中英文文献 2. 掌握文献综述撰写的方法	4
3	数据收集与处理	1. 熟悉常用的政策分析相关的数据库，并能够获取所需信息 2. 运用统计软件处理数据	4
4	STATA使用入门	掌握STATA的常用操作，并运用STATA进行统计、计量分析	4
5	定量研究方法	掌握政策定量分析中常用的最小二乘法、面板数据模型、工具变量法、双重差分法等研究方法，并运用计量模型展开严谨、科学的分析	8
6	图表的制作与呈现	能够运用软件制作清晰明了的图表并呈现分析结果	4
7	学术写作	掌握学术写作的规范要求	4
8	学术伦理与规范	熟悉学术伦理与道德，避免出现学术不端问题	2

此外，在课程内容中注重不断融入前沿话题，使教学内容不断迭代，比如2022年秋季对党的二十大报告中的相关内容进行解读与分析。此外，教学团队注重将学科前沿研究成果、国家最新政策制度等内容融入课堂教学，紧密结合时代热点，保持教学内容的前沿性和时代性。

（三）变革教学方法

丰富教学方法，创新"五位一体"模式（如图3所示）。本课程以学生完成科学研究的自然过程为主线，兼顾共性与个性，采取线上MOOC学习、线下课堂讲授、研讨式教学、专家交流会、模拟答辩的"五位一体"教学方法。

通过线上MOOC学习与线下课堂讲授，培养学生在文献的查阅与综述，数据的收集、处理与分析，图表的制作与呈现，沟通交流与文字表达，以及学术伦理与规范等方面的能力。通过研讨式教学，针对每个学生所承担的微课题，从选题方向的确定、论文结构的设计、研究方法的实践、政策建议的提出等角度提出具体建议。通过专家交流会，使学生对于本学科发展的总体情况和前沿方向有所了解。通过模拟答辩，培养学生的团队协作和学术交流能力，并确保对研究进度的监控。

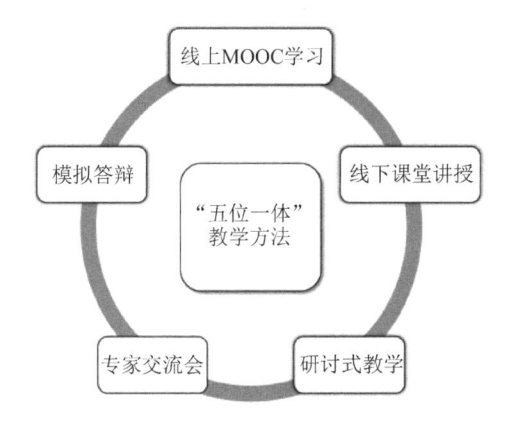

图3 "五位一体"教学方法

（四）改善教学环境

充分发挥学院实验室优势，提高教学效率。本课程依托的经济行为与政策模拟分析实验室，包含计量分析、政策模拟等所需的软件与平台，能够在课堂上为学生实时展示实证分析的具体过程以及结果，从而提高课程效率和效果。此外，针对学生微课题的内容，课程团队还与学院心理学、公共管理等学科的实验室建立了良性互动，取长补短，以满足学生的个性化科学研究需求。学院的实验室优势有助于学生创新实践能力的培养。[2]

（五）多元化考核方式

多维度考核，体现以学生为中心。科研课堂中，每个学生的任务都是推动微课题的展开，而每个学生的微课题之间都具有差异，如何制定统一的评价考核标准，也是必须解决的问题。本课程的考核评价采取"过程评价+结果评价"相结合的方式，根据文献综述、方案设计、开题、研讨、答辩等环节的完成情况,重点考查学生研讨的质量和参与度,综合评价学生知识获取、知识运用、团队协作、文献撰写、交流表达能力以及基本科研素养达成等情况。具体各部分的评价占比如图4所示。

首先,课程考核以过程考核为主,因此平时成绩占70%,其中考勤占10%,每周的进度及学习报告情况占30%,论文研讨参与情况占30%。

其次,期末总结报告占30%,由学生在学期结束后将本学期微课题的进度汇总为一篇规范的论文,并撰写一学期的学习心得。

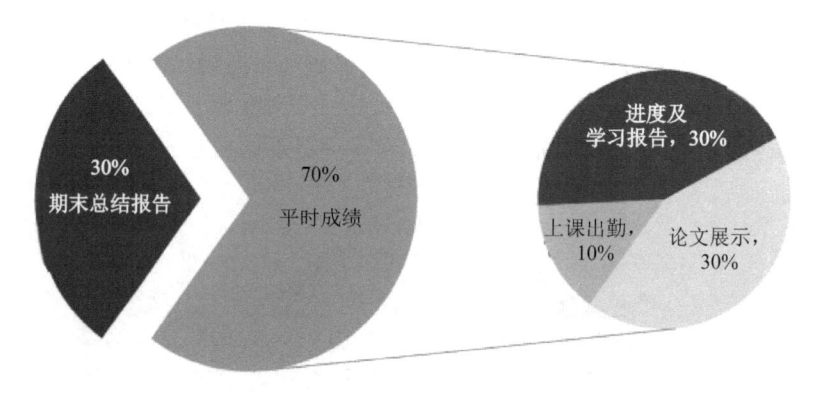

图4 课程考核方式

(六)丰富教学资源

不断丰富形式多样、具有前沿性的教学资源。本课程在多年教学实践中积累了丰富实用的教学资源,包括在线上慕课资源、中英文重要学术期刊成果库、课程微视频,搭建了多个与廉政研究相关的数据库、案例库等,为科研课堂中学生微课题的开展奠定了基础。此外,还不断引导学生掌握数字化文献资源的获取技能。

(七)加强课程思政

有机融入课程思政,润物无声。本课程的微课题主要关注中国的廉政建设,在理论与实践、历史与现实中有大量的课程思政元素,可以自然地融入课程教学。如在对《反腐促进经济可持续稳定增长的理论机制》一文进行研讨时,着重梳理了党的十八大以来我国反腐败斗争取得的显著成效,并结合论文内容提出反腐败不仅不会阻碍经济增长,还有助于促进经济可持续稳定增长。在知识传授中强调主流价值引领,着力培养德智体美劳全面发展的新时代社会主义建设者和接班人。讲好中国故事,实现课程思政与教学的有机结合。

三、教学改革成效

教学团队在每个学期开展科研课堂前,对每位选课学生选修本科研课堂的期望及其研究经验进行问卷调查,并在每个学期末要求每个学生提交一份学习心得,回顾其在一学期课程中的收获,并提出建议。这些都有助于课程团队了解教学改革效果,并根据学生的反馈完善提高。下面以2023年春季学期的调查数据为例进行说明(见图5)。

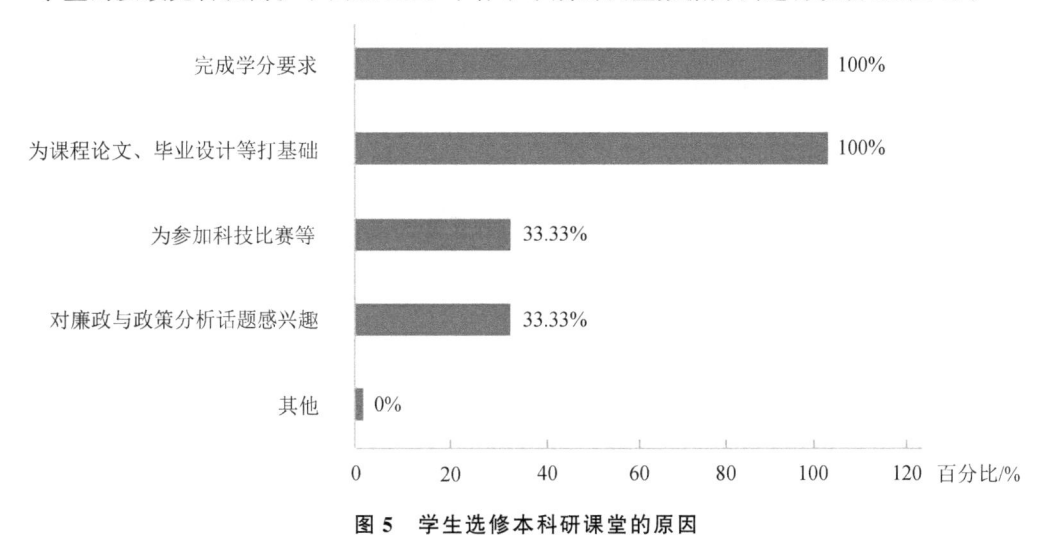

图 5 学生选修本科研课堂的原因

首先,在学期初的调研中,关于选修本科研课堂的原因,所有学生都选了完成学分要求,以及为课程论文、毕业设计打基础,1/3的学生希望进一步参加科创类比赛,以获得其他荣誉,1/3的学生对廉政与政策分析话题感兴趣。

关于选修本科研课堂的期望(见图6),所有学生都希望学习数据收集与处理的方法,以及常用计量软件的使用。此外,大多数学生希望了解常用的定量研究方法、科研选题的方法以及学术写作规范与学术道德,50%的学生希望了解文献的查阅与综述方法。

其次,对于学期末的调研,课程团队将学生在学习本课程的收获形成文本库,并生成词云图(如图7所示),其中文字的大小与学生反馈的关键词出现的频率成正比。所有学生都表示自己在学术论文写作方面有显著提升,绝大多数同学表示在对STATA等工具的学习以及阅读文献能力的提升方面有收获,超过半数的同学认为其分析和处理数据的能力有提升。

将其与学期初的学生期望进行对照可以发现,通过一学期的科研课堂学习,学生在学期初对课程的期望基本都得到了实现,学生的科研能力有了显著提升,学生对课程的满意度较高。

选项	百分比
科研选题的方法	66.67%
文献的查阅与综述方法	50%
数据收集与处理的方法	100%
常用统计计量软件如STATA、Eviews等的使用	100%
常用的定量研究方法	83.33%
学术写作规范与学术道德	66.67%
其他	0%

图 6 学生选修本科研课堂的期望

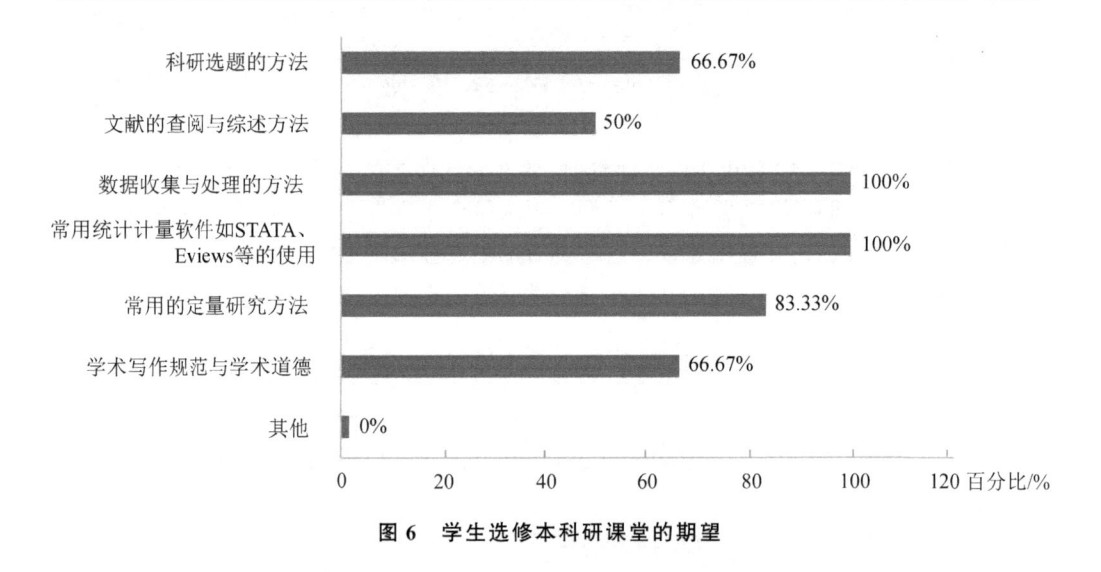

图 7 学生选修本科研课堂的收获

四、教学反思

（一）教学改革创新点

本课程教学改革的创新点包括：

1. 基于学科交叉与融合开展微课题研究

本课程重视将经济学、公共管理学、纪检监察学、政治学、心理学等学科的研究方法融合到廉政与政策分析微课题中,使微课题的设计富有特色,以培养学生用多维视角学习、分析和解决问题的能力。

2. 强创新、多互动的"五位一体"教学方法

本课程通过采取线上MOOC学习、线下课堂讲授、研讨式教学、专家交流会、模拟答辩的"五位一体"教学方法,以有效提升教学效果,确保微课题的创新性、前沿性与可行性。

3. 全过程、多元化的课程评价方式

本课程的考核评价采取"过程评价+结果评价"相结合的方式,学生的成绩由上课出勤、论文进度报告、课堂展示与期末总结报告等几个方面综合确定。

4. 课程教学、课题开展与课程思政的有机融合

课程教学中认真落实课程思政建设要求,通过专业知识教育与思想政治教育的紧密融合,将价值塑造、知识传授和能力培养三者融为一体,是兼具思想性和学术性的科研课堂课程思政建设。

(二)教学反思

课程团队从教师自主试点到运行科研课堂,在"摸着石头过河"的过程中不断探索完善课程体系的建设。对于文科类科研课堂的建设有以下反思。

首先,关于科研课堂与传统课程教学之间的区别。第一,科研课堂具有前沿性。传统课程教学主要是把较成熟、系统的知识传授给学生,而科研课堂的"微课题"根据教学团队教师所主持科研项目的相关学术前沿而设立,具有前沿性。第二,科研课堂教学资源丰富而开放。传统课程教学往往有标准化、系统化的教材作为参考,而科研课堂往往无法找到能够涵盖科研课堂课所涉及的所有内容的标准化教材。学生在微课题的开展中,需要在大量繁杂的、未经整理的知识和信息中凭自力进行探索。第三,科研课堂具有较强的实践性。课程教学是大学生最主要的培养途径,传统课程教学往往以教师讲授为主[3],而科研课堂重在对学生进行科研训练,从选题到文献查阅与综述、研究设计、数据处理与分析再到学术论文写作,需要学生进行实际操作完成一次科学研究过程,对创新能力的培养由此融入了教学。

其次,关于课时量的计算与激励方法。科研课堂主要针对大二和大三的本科学生,在实践中往往存在专业基础知识不足,深入分析问题的能力及独立思考能力不强等情况。教师需要在教学内容、讲解方法、软件的应用等多方面投入较多精力。且由于每一期的科研课堂微课题的设置都会根据学科前沿进行调整,每一期的课程准备工作也就不亚于新开一门课程,可以进一步合理计算课时量,形成激励机制。

再次,关于课时的设置。科研课堂是学生必修的实践课,需要从零开始引导学生开展微课题的研究,但课程只有一学期时间,大多数学生能够完成选题、文献综述、研究设计,以及初步的数据资料收集,而未来得及深入地展开分析,形成完整、成熟的论文。在学期末的调研中,多名学生建议延长课时,增加讨论环节以及STATA等软件的实操环节,而课时的限制使很多学生的需求未能得到满足。

参考文献

[1] 周越,吕浩宇,潘翀,等.北航空气动力学专业科研课堂尝试与思考[C].教育部高等学校航空航天类专业教学指导委员会.第三届全国高等学校航空航天类专业教育教学研讨会论文集.北京航空航天大学科学与工程学院;北京航空航天大学空间与环境学院;流体力学教育部重点实验室.2022:773-777.

[2] 刘欢,王晓墨,成晓北,等.大学生科研实践与创新能力培养——能源环境类第二课堂学生体验及成效分析[J].高等工程教育研究,2023(S1):130-134.

[3] 李杨帆,朱晓东.科研训练计划与大学生创新能力培养[J].中国大学教学,2011(4):24-25.

教学方法篇

大数据背景下"宏观经济学"课程改革思路分析

孙琳琳　张雅文

摘要：经济学的研究需要以数据为基础,数据在验证经济理论、预测宏观经济走势、制定政策、进行企业或个人的经济决策等方面,均具有不可或缺的作用。近年来,大数据在社会科学领域的优势愈发凸显。大数据具备样本海量、实时处理能力强、数据非结构化、数据源渠道丰富等特征,可以解决某些传统统计调查数据无法解决的问题。经济学的研究与大数据的结合愈发紧密,使用大数据方法分析问题逐渐受到追捧。"宏观经济学"课程通过积极引入运用大数据的宏观经济问题的研究案例,包括优化传统经济指标或构建其先行指标,建立经济变量间的联系等内容,引导学生了解经济学的前沿研究,并培养学生使用大数据分析经济社会问题的能力。

关键词：大数据；社会科学研究；"宏观经济学"课程

经济学的研究深植于数据的土壤之中,这些数据不仅能够为经济理论的验证提供实证依据,更在预测宏观经济走势、辅助政策制定以及指导企业或个人进行经济决策等方面发挥着不可替代的作用。在信息科技日新月异的时代背景下,人类社会活动的数据如同洪流般涌现,呈现出爆炸性增长的态势。人们开始更加关注如何从海量的数据中提炼出具有实际应用价值的信息,对大数据的认识和应用也逐步深入。大数据的引入,为经济学的研究带来了新的视角和方法,推动了经济学领域的创新和发展。2015年国务院发布的《促进大数据发展行动纲要》,明确指出要加快大数据部署。"宏观经济学"作为经济学专业的主要核心课程之一,涉及经济、社会、文化、人口、地理、气候、环境等一系列数据,将大数据研究融入宏观经济学教学势在必行。在教学实践中,通过向学生介绍运用大数据研究经济社会问题的案例,让学生了解经济学的前沿研究,学会使用定量方法和STATA、Python等工具分析大数据,来培养学生使用大数据分析经济社会问题的能力。

一、大数据对宏观经济学的影响

1. 大数据在宏观经济学研究中的应用

近年来,大数据在社会科学领域的优势愈发凸显,经济学研究与大数据的结合愈发紧密。传统的统计数据或者调查问卷数据存在获取时间久、人力成本高、覆盖面小等局限,而大数据具备样本海量、实时处理能力强、数据源渠道丰富等特征,可以解决某些传统统计调查数据无法解决的问题。例如,学者们使用大数据收集夜间灯光数据来衡量地区的GDP水平,使用在线电商数据构造CPI等价格指数,使用爬虫技术收集完备的地震、气候等数据,相较于传统统计数据更为真实、准确、细致。

另一个典型的例子是使用大数据方法爬取非结构化的文本数据,并将其整理成可用于量化研究的结构化数据。例如,学者们收集大量政策文本,分析词频,探讨政府对某领域议题的注意力分配(秦晓蕾,等,2024);收集上市公司年报,分析其词频、语调,研究上市公司的经营管理(王志芳,等,2023);收集新闻文本进行情感分析,研究舆情、市场信心等。

经典实证分析采用的数据往往是已经结构化的数据,经典实证分析数据中的变量定义往往比较清晰,这种清晰的边界往往是通过在收集数据时设计的问卷中准确定义变量的含义来实现的,又或者是根据实际经济和金融活动的运行需要事先界定好的。而文本大数据的数据来源是新闻媒体、网络论坛、公司财报等文本文件,本身并不包含清晰的变量。如何提取信息并论证所提取的就是目标信息,是文本大数据分析的重要步骤。

2. 大数据在经济发展中的作用

大数据在经济发展中扮演着至关重要的角色,其影响深远且广泛。首先,大数据的应用可以极大地优化资源配置,通过收集和分析海量的经济数据,可以更准确地把握市场需求和供给情况,从而实现对资源的更加合理的分配——这不仅在于提高资源的使用效率,还在于减少资源的浪费,推动经济的可持续发展。并且,大数据具有极强的预测能力(李博,2021),通过对经济发展过程中数量巨大、来源分散、格式多样的数据进行汇集和关联分析,可以发现经济发展的内在规律或发展趋势,这有助于决策者做出宏观预测和前瞻性决策,为经济发展提供科学的指导。在企业层面上,大数据可以让企业在生产、销售、服务等各个环节中都能够实现精细化管理,从而提高效率、降低成本。例如,利用大数据技术分析消费者需求,企业可以更准确地把握市场动态,助力自己的生产和销售决策,从而实现库存和销售的精细化管理。此外,大数据不仅可以提高企业的效率,还可以成为新的经济增长领域。利用大数据技术,政府能够更好地发现经济增长的机会,以对产业结构进行调整,加强新经济的培育和发展。同时,大数据还可以成为新的经济增长点,支持新兴产业的发展。大数据的出现还推动了企业商业模式的创新和转型,通过大数据技术的应用,企业可以更加精准地把握市场需求和消费者行为,从而开发出更加符合市场需求的产品和服务。大数据还可以帮助企业实现精准营销和个性化服务,提高客户满意度。大数据在医疗、教育等民生领域也发挥着重要作用。例如,在医疗领域,大数据技术收集和分析的丰富资料可以帮助医疗机构提高诊断准确性和治疗效率;在教育领域,大数据可以帮助学生更好地了解自己的学习情况和潜力,并制定更加个性化的学习计划。

二、"宏观经济学"课程现状问题

"宏观经济学"是经济学本科生的必修课,课程内容重点关注社会发展中的经济增长问题,授课方式采用知识理论讲授、案例研讨、组织调研、上机实验等,数据在这一系列环节中都是必不可少的。"宏观经济学"课程旨在培养能够在科研、实践领域开展经济分析工作的人才,这意味着要在课程中加入大数据的内容。基于此,传统的"宏观经济学"课程存在以下不足。

1. 大数据知识体系融合不足

在"宏观经济学"课程的教学中,虽然一直在使用各种统计数据,但对于大数据的融入仍显不足。当前"宏观经济学"课程在数据分析方法的教学上仍然以传统的统计分析方法为主,缺乏对大数据分析方法的系统介绍和训练。这不仅限制了对学生运用大数据技术进行宏观经济分析的能力的培养,也影响了学生对大数据时代需求的适应能力的培养(杨聚鹏,等,2017)。因此,"宏观经济学"课程需要进一步加强与大数据知识体系的融合,加快将大数据分析方法引入教学的步伐,通过引入更多先进的数据分析工具和技术,帮助学生掌握大数据在经济学领域的应用。

2. 缺乏大数据的分析及可视化方法教学

经济学学习仍然以 Excel、R、STATA 等软件为主要工具,数据处理、分析方法较简单,数据处理体量小。大数据的方法包括数据爬取、文本分析、机器学习、分析预测等,能够完成这些分析的软件包括 Python、GIS 等,并可以助力复杂数据的可视化,形象地呈现出经济学的现象问题,作为发现问题、分析问题的参考。

3. 实践应用机会匮乏

"宏观经济学"课程在实践教学环节上往往缺乏与大数据相关的实践应用训练,学生难以将所学的经济学理论与大数据技术相结合,进行实际的宏观经济分析和研究(张泽义,2020)。这种理论与实践脱节的教学方式不仅会影响对学生实践能力和创新精神的培养,也会限制学生对大数据在经济学领域应用的深入了解。

三、大数据融入"宏观经济学"课程教学的改革思路

1. 构建大数据教学体系

在大数据背景下,宏观经济学的教学目标需要随之更新。除了教授传统的经济学理论和知识外,还应注重培养学生的大数据分析能力和经济现象洞察力。因此,需要对教学目标进行重新定位,增加对大数据在宏观经济分析中的应用价值的介绍,并鼓励学生利用大数据进行创新性研究。

在教学内容上,融入课程各阶段的大数据运用内容。增加与大数据相关的基础

理论、技术方法,以及大数据在宏观经济研究中的应用案例。这些内容包括但不限于大数据的获取、处理、分析和可视化等方面。通过引入 Python 等大数据分析工具和技术,使学生掌握运用大数据进行宏观经济研究的基本方法。具体而言,需要把握好经济学研究与大数据运用之间的逻辑关系,结合每章节内容以及经济学研究方法规划课程内容,采用案例学习、上机实践、论文汇报等形式,调动学生的学习兴趣,强化大数据训练。例如,可以通过介绍 GDP 数据的多种可视化、使用 Python 的上市公司年报的情感分析、电商数据的爬取等,引导学生学习软件代码的编写并模仿进行数据处理,最终体现在课程论文的写作中。

最后,在课程评价和反馈环节,需要了解学生在理解和操作上的困难,作出改进。以问卷形式对学生学习的难易程度感受、应用范围进行调研分析(张小东,等,2024),据此调整教学内容、教学目标和教学环节。

2. 采用多样化的大数据教学方法

在大数据背景下,教学方法和手段也需要进行创新。要将理论联系实际,提高学生发现问题、解决问题的能力;引入现代化多媒体的教学手段,使讲解更为生动,以提高学生的兴趣。

第一,引入案例式教学。鉴于"宏观经济学"课程内容涉及面广、数据分析深入且抽象、经济现象复杂多变等特点,课程可以采用案例法来详细阐述教学内容:通过呈现丰富的经济数据实例和经济学研究中的大数据案例来丰富教学内容,激发学生利用大数据的热情和兴趣,同时深化他们对理论知识的理解。此外,可以组织以团队为单位的案例分析讨论会,鼓励学生深入研究经济大数据的运用案例,结合"宏观经济学"课程的研究内容,要求学生搜集相关案例,分析案例中的数据处理方法及其经济分析过程,并进行 PPT 的讲解和展示。一方面,学生将学习运用经济数据的基本思路;另一方面,学生将掌握经济数据在宏观经济分析中的应用和分析方法,深入理解宏观经济学的理论与实践,从而激发学生对本课程的学习兴趣,拓宽他们在经济学领域的学术视野,提升他们的团队协作能力,并锻炼他们运用经济数据解决经济问题的能力。

第二,采用讨论式教学法。教师在课前布置预习任务,让学生查阅宏观经济学的相关文献,分析文献中运用的数据处理和经济分析方法,并评估其合理性;随后在课堂上进行深入讲解、分析和讨论,通过辩论、评价、提问等互动环节引导学生主动思考,确保他们掌握宏观经济大数据运用的核心步骤,激发其主动学习和科研探索的热情。

第三,充分利用网络教学资源平台。积极利用互联网大数据教学资源,搭建在线学习平台,为学生提供宏观经济数据的交互式学习环境。在业余时间,学生可以观看大数据获取、分析与应用的优质教学视频。鼓励学生结合"宏观经济学"课程,寻找最新的经济大数据分析案例,以培养他们分析经济问题、解决经济问题的创新能力。

第四,教师可以利用大数据技术实现对学生学习过程的个性化指导。例如,利用雨课堂、问卷等大数据技术，关注学生在宏观经济学学习过程中的多方面表现，发现他们对大数据应用的主要兴趣点。基于学生的兴趣点，教师可以实施因材施教的教学策略，在讲解过程中，对学生特别关注的数据和方法进行重点讲解，以满足学生的个性化学习需求。

3. 增强实践训练

鉴于计算机数据处理技术的不断进步与更新，可以增加相关软件应用的课时和上机实验时间，指导学生掌握 Python 等数据分析工具。同时，可引入 STATA、R、SPSS、Matlab、ArcGIS 等先进的统计分析软件，通过课堂上的实际操作训练，强化学生运用大数据的实践能力。这样不仅能促进学生深入理解数据分析的理论知识，还能使其真正运用这些软件对数据进行高效处理和可视化表达，从而提升他们的数据处理和分析研究能力。

在"宏观经济学"课程的教学中，要将大数据实践训练融入各个环节，以小项目或作业的形式开展大数据分析与应用练习。这种实践锻炼将引导学生利用大数据工具深入分析经济发展中的问题，并针对这些问题制定相应的经济策略。这样的学习方式，不仅能够提升学生解决实际问题的能力，还能为其未来的经济研究和政策制定奠定坚实的基础。

四、结　语

大数据为宏观经济学的教学改革带来了新机遇，也为经济发展问题的研究提供了新的可能性。大数据能够涵盖经济领域的各个方面，为宏观经济的深入研究提供微观分析的路径，为"宏观经济学"的课程设计提供科学的依据。当然，大数据的分析与运用目前还处于发展阶段，但随着互联网、物联网、智慧化和信息化等领域的飞速发展，大数据将在宏观经济学领域得到广泛应用。因此，"宏观经济学"课程的教学改革也需要紧跟时代步伐，加快改革，培养更多具备大数据分析和应用能力的人才，以适应经济治理能力现代化的时代要求。

参考文献

[1] 秦晓蕾,李宁,薛惠玲,等.公共政策如何回应民众关注？——基于注意力分配视角的 21 类政策议题分析[J].公共管理与政策评论,2024,13(3):21-37.

[2] 王志芳,魏嘉晨,张婷,等.管理层语调是否加剧了企业内部人减持[J/OL].财贸经济,2023,44(4):73-88. https://doi.org/10.19795/j.cnki.cn11-1166/f.2023.04.007.

[3] 李博.计量经济学主动融合大数据的创新路径[J/OL].青海社会科学,2021,(6):92-103. https://doi.org/10.14154/j.cnki.qss.2021.06.011.

[4] 杨聚鹏,梁瑞.大数据时代大学课堂教学模式面临的挑战与变革[J/OL].电化教

育研究,2017,38(8):111-115. https://doi.org/10.13811/j.cnki.eer.2017.08.018.

[5] 张泽义.大数据时代高校宏观经济学课程教学创新研究[J/OL].现代商贸工业,2020,41(34):152-153. https://doi.org/10.19311/j.cnki.1672-3198.2020.34.068.

[6] 张小东,王彦春,常丰镇.大数据融入城乡总体规划设计课程教学的探索[J].高教论坛,2024,(2):14-17+62.

关于"证券投资与管理"课程教学创新的几点思考

何平林　沈映春　李跟强

摘要：培养人才、科学研究、服务社会是当代大学的重要使命和任务,而培养理论与实践合一的高质量人才是新时代我国大学的核心任务。"证券投资与管理"课程是高校经济学类专业的必修课,亟待以知行合一为目标的教学改革创新。本文分析了传统教学模式下证券投资类课程的现状与问题,提出了"证券投资与管理"课程教学创新的具体方案设计,以期为该门课程的教学创新提供有益的思路借鉴。

关键词：证券投资;教学模式;课程思政;教学创新

教学工作在新时代大学的工作中居于核心地位,教学创新永远在路上。"证券投资与管理"课程是经济学专业核心课,组织好此门课程的教学,可以使学生具备良好的资本市场知识储备,为他们毕业后投身基金、证券、信托、保险、银行等金融行业或者直接进入上市公司工作打下坚实的基础。在多年的"证券投资与管理"课程教学实践中,教学团队设计了"激发学习者潜能"的总目标,基于研究式教学和行动学习两大理念,引导学生成为"教者、质疑者、分析者"。通过搭建"学长进课堂"等路径实现"合作教学"模式,激发学生的兴趣和自主学习动能;构建原创性的教学内容,引导学生参与探索;开发具有自主知识产权的教学软件,为学生"干中学"和"趣中学"提供支撑;团队协同教学,助力学生构建知识,综合理解应用环境;在专业教学中融入"课程思政",以实现立德树人根本目标。此种五位一体教学创新,取得了良好的教学效果。针对"证券投资与管理"课程传统教学模式下存在的问题,可以从课程教学创新总体思路设计与具体举措等方面进行探讨。

一、传统教学模式下证券投资类课程的现状与问题

传统教学痛点有：教师填鸭式地满堂灌；教师充当知识搬运工,而不是知识的原创者；基于数字孪生和移动互联网技术的教学软件资源供给不足而使课程偏向于理论讲解等。只有找准传统教学的痛点,提升教学质量的新思路和新举措才能精准有效[1]。传统教学模式下的具体痛点问题包括：

（一）教学组织上,教师填鸭式灌输多,学生参与互动少

传统课堂教学经常出现的问题是：教师在台上滔滔不绝地讲,学生在台下昏昏

欲睡地听。教学组织方式存在缺陷,缺少学生的合作与探究、质疑与碰撞,课堂缺乏互动交流,学生没有参与感与知识的获得感。身在高校课堂,教师既是教学者,又是主持人,把控课堂的意识尤为重要。教师要随时了解学生的课堂学习状态,一旦发现注意力下降,就要适当增加课堂提问或者讨论等互动环节,或者引入鲜活案例,重新激发学生的兴趣[2]。

(二)教学内容上,教师知识搬运多,知识创造少

传统教学容易出现科研与教学脱节的现象,学生不能从教师的科研中受益。教学照本宣科,无益于学生掌握学科前沿。在激发学生自主学习动力和求知欲上做得还不充分,更谈不上培养学生的探索精神与创新思维。教师需要启发学生深入思考。

(三)教学手段上,教学资源开发利用薄弱,理论与实务脱节

《传习录》有一句名言:"知者行之始,行者知之成。"教师要教会学生知行合一,将理论知识融入实践并最终指导实践,这才是教学的真正目的。一些课程一节课一份PPT讲到底,学生随便听听,期末考试考个成绩,就算学完一门课程了。到了毕业时,有的学生感觉头脑中空空如也,好像大学几年方方面面都学了一些,但又都没有特别深刻的印象。出现这种现象的原因,既有学生学习不认真,但更有教师教学工作不扎实。教不严,师之惰。教师需要深入钻研业务,在单纯的理论讲解之外,还要不断思考如何引入仿真实验等工具,将数字孪生等思想理念应用到教学环节中[3]。目前同类课程专业教学软件相对匮乏,理论教学与实务操作脱节,学生难以将理论知识高效融入专业实践的问题突出。投资具有显著的实操性,因而亟待开发教学软件,为学生搭建链接实务的"情景平台"。

(四)课程思政上,专业课程中的课程思政融入还不够充分

教师既要善于传授显性知识(如以科学公式、原理等形式呈现的信息),还要善于传授隐性知识。隐性知识深深地扎根于个人的行动和切身体验,以及他们的价值观和情感之中。专业课程的思政元素不会自动呈现,而是需要专业教师在精通专业发展史、学科建设史、知识变迁史的基础上,深入挖掘和打磨,像构建知识体系那样把思政元素整合起来,使课程中的思政元素成为专业教学的亮点和创新点。实现证券投资类专业课堂与思想政治育人的有机结合,需要不断总结、反思并付诸行动。目前,很多专业课只注重知识的灌输,而忽视了专业课也是思想政治的主战场这个关键问题[4]。

二、"证券投资与管理"课程教学创新的具体方案设计

(一) 创新思路总体设计

教学团队设计了"激发学习者潜能"创新总目标,旨在夯实学生的理论功底,全面提升实战操作素养,有效激发学习兴趣,激发学生的自主学习潜能,并由此提出教师端"研究式教学"、学生端"行动学习"两大理念。在两大理念的指引下,提出教学模式、教学内容、教学手段、教学环境和专业课程思政"五位一体"的创新方法和路径设计。具体如图1所示。

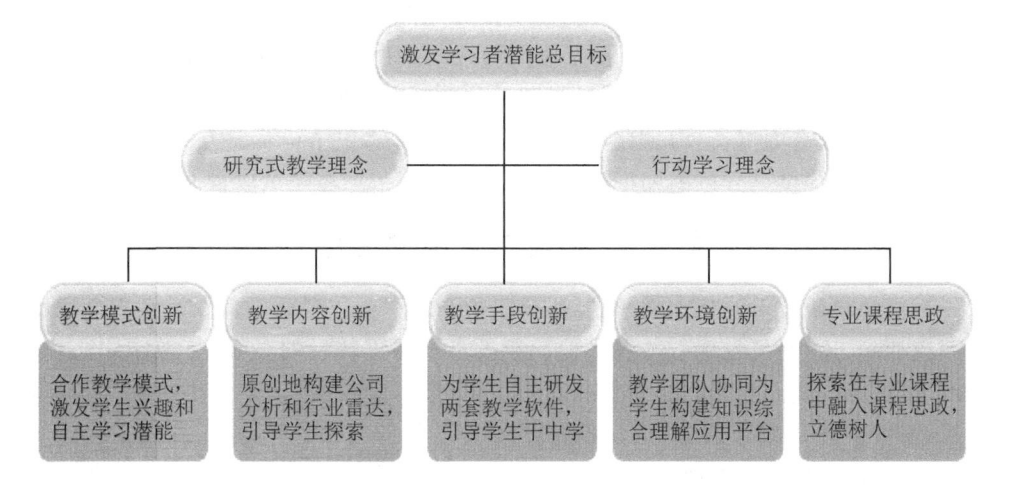

图1 五位一体教学创新总体设计思路

(二) 教师侧的研究式教学和学生侧的行动学习理念

研究式教学意味着将科研成果有效融入教学,使学生真正受益。教学团队由具有财务、经济、投资专长的教授、副教授、讲师组成。近年来出版教材6部、与投资相关的译著4部,荣获全国百篇优秀管理案例奖等。教学团队构建行业雷达等科研成果,开发证券投资模拟交易等教学软件用于教学,打破时空限制,通过虚拟仿真将"资本市场搬进课堂"。在学生侧,行动学习意味着学生通过自主学习发现问题,通过积极思考解决问题,由此激发学习兴趣,培养探索能力。通过教学软件让学生"做中学、学中悟、悟中行",通过任务导向的团队学习方式培养学生的价值投资意识、系统思维能力。

(三) 以合作教学等路径推进教学模式创新

以学生为中心的课堂须把学生调动起来，教师只是主持人或导演，让学生扮演"教者、质疑者、分析者"，让学生成为课堂的主人。例如：布置学生课前行动，每小组一个案例，挖掘公司财务数据；让学生担任案例讲解员；引导学生课堂上辩论或提出疑问；学长进课堂讲解知识点等。在合作教学中，促进教师与学生之间教学相长，互相启发。把学生调动起来使其成为课堂的主人，也包括已毕业的学生，通过"学长进课堂"建设共生课堂。例如，讲解毛利率知识点时，把2008级优秀校友请回课堂，其在北京某知名私募基金工作，具有超过10年的从业经验。由私募基金经理来讲解毛利率异常，有利于树立学长榜样。学长讲解能够转换学生思考问题的角度，将理论知识与实际工作对接，从而验证理论，深化对知识的理解；学长传授知识，分享经验，体现出"老带新、传帮带"优良传统；更为重要的是，在合作教学中帮助学生建立学习经济学专业的自豪感，通过激发兴趣为他们将来踏入商业领域打下良好的思想基础。合作教学还包括教学团队的合作，教学团队的教师有的擅长宏观经济分析，有的擅长量化投资分析，有的擅长公司财务分析和公司估值，知识结构优势互补，开展合作教学能够为学生提供全方位的知识[5]。

(四) 不断融入最新案例或方法推动教学内容创新

教师将科研成果转化为教学内容，勇于担当知识创造者而不仅仅是知识搬运工。在系统梳理、比较、吸收现有的数十种证券投资学课程教材的基础上，教学团队自主编写了《证券投资分析》教材，沿着基础知识篇、技术分析篇、基本分析篇的课程逻辑主线，系统讲解K线形态分析、趋势分析、指标分析的技术分析框架，和宏观分析、中观分析、微观分析的基本面分析框架。在宏观分析部分，构建了投资者基于市场、政策、资金的三大分析维度；在中观分析部分，构建了产业竞争结构、产业生命周期、产业景气周期三大分析维度；在微观分析部分，构建了战略分析、会计分析、财务分析、估值分析的公司分析四大维度。教学团队原创性地构建了用望远镜看公司（行业与战略分析）、用显微镜看公司（会计分析）、用听诊器听公司（财务分析）、用称重机称公司（估值分析）"四步走"公司分析与估值逻辑框架。在操作层面构建了"公司九问"：①背后行业赛道如何；②商业模式如何；③行业地位如何；④竞争优势如何；⑤品质性如何；⑥安全性如何；⑦盈利性如何；⑧发展潜力如何；⑨内在价值几何。投资者围绕这九个问题对公司展开研究，即可把"四步走"逻辑框架变成实务操作。在教学活动中，引入康美药业财务造假等具体案例，结合我国资本市场集体诉讼制度的最新实践，给学生讲解通过有效的会计分析和公司治理特征分析来判断公司品质的方法，最大程度地降低投资踩雷的风险[6]。

（五）不断融合数字技术推进教学手段创新

传统教学模式偏重理论讲解，缺乏投资实战情景，"纸上谈兵"导致学生学习积极性不高，实践动手能力不足。目前高校证券投资类课程多停留在理论讲解阶段，需要借助有效的实验软件平台填补这一教学领域的空白，为学生带来集知识性、趣味性、仿真性实操于一体的交易模拟实验，通过开发和引入实验软件解决理论与实践脱节的"痛点"问题[7]。教学团队与外部软件开发人员合作开发了"证券投资仿真交易教学软件 V1.0"，教学软件可以帮助学生进行 K 线形态分析、趋势分析、指标分析、宏观分析、行业分析和公司分析（见图 2）。学生可以自动获得 100 万虚拟资金，以实盘价格仿真买入自己心仪的股票。软件兼有投资日记、教学互动、作业提交、分析报告、教学资源等多种功能。后续软件 V2.0 将融入期货或外汇等交易品种，丰富学生知行合一的实现途径。"证券投资与管理"课程设置了"公司估值分析实验"模块，教师基于真实商业世界的估值模型，系统讲解什么是公司价值，以及公司估值的绝对估值法和相对估值法等基本原理。教师授课之后便是动手实验环节，教师基于沪深 300 指数成分股或者央视 50 指数成分股，给每位同学指派一个上市公司，要求每位同学根据所学到的公司估值模型进行"实战演习"。该课程实验取得了较好的效果，激发了学生的学习热情，极大地推动了学生应用所学知识，综合会计学原理、公司财务、证券投资与管理、金融学等多门课程的知识，自己动手计算一家上市公司的内在价值，为将来进入券商研究部、基金公司、商业银行、资产评估事务所等单位工作打下坚实的知识基础[8]。

（六）团队协同为学生构建知识综合理解和应用环境

"证券投资与管理""中国经济专题""金融学""会计学"等课程的教师团队相互协同，构成证券投资与管理先修知识储备和后续扩展检验。例如，"证券投资与管理"课程在针对基本面分析中的微观分析部分，需要对公司进行估值。而公司估值的先修知识是会计学原理。课程教学团队中有讲授"会计学原理"课程的教师，这有效发挥了知识接续和知识协同的机制。学生会发自内心地认识到，他们上一年度所学的"会计学原理"和"公司财务"的课程，在下一年度的"证券投资与管理"课程中用上了。公司估值中需要用到的现金流折现、贝塔系数、资产负债表、利润表和现金流量表等知识，对学生而言就不再是躺在书本里的"死知识"，而是要在下一门课程中充分应用的"新鲜货"。此外，团队协同还体现在发挥团队教师软件开发等方面的专业技能优势创造实验教学环境上：研发优质教学软件，建设电子书、电子期刊等数据库资源供学生自学，让学生在知识交叉、融合、穿越理解中实现知识的综合应用，让学生具备银行信贷经理、证券分析师、财务总监、基金操盘手等职业应该具备的知识和能力储备[9]。

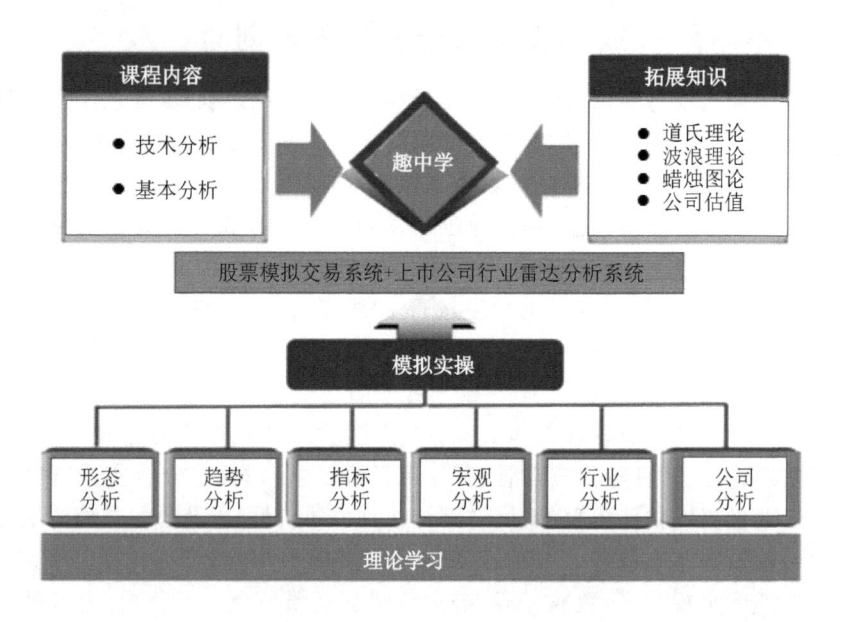

图 2　学生从枯燥的理论学习到趣中学

（七）将课程思政融入专业教学

认为课程思政只是马克思主义学院教师的事，是一种错误的观点。依靠科学而有效的课程设计，专业课教师能够发挥在经济学专业中讲好思政的专业优势，在课程思政中找到自己的"角色"，干出自己"特色"。例如，2023年7月24日中共中央政治局召开会议，分析研究当前经济形势，部署经济工作，提出"要活跃资本市场，提振投资者信心"，体现了党中央对资本市场的高度重视，也彰显着中国资本市场对于实体经济复苏的重要作用。又如，进行会计分析时，教师告诉学生：资本市场上的会计造假行为，违背社会主义核心价值观。人无信不立。只有那些保持诚信经营，走人间正道的上市公司，才有可能基业长青；反之，那些违背诚信原则者，只能把公司带入万劫不复的深渊。通过课程教学，在学生心中埋下诚信的种子。在教学过程中及时将《上市公司违法违规案例选编2023》等最新行业手册中的案例讲给学生，教会学生：上市公司作为资本市场的压舱石、实体经济的基本盘、经济发展的主力军，要树立在"聚光灯"下诚信经营的意识，牢牢守住不发生财务造假、内幕交易、市场操纵、虚假披露的"四条底线"。

总之，当代经济学专业旨在培养具有"为苍生谋"志向的中国特色社会主义经济的建设者和接班人，这要求学生具有高度的国家使命感和社会责任感，理想高远，学识一流，胸怀寰宇，致真唯实。这样的培养目标，客观上要求教师的教学能力和教学内容等都必须具有高阶性。中国资本市场不仅与千家万户的利益紧密相连，也肩负着融通资金、整合产业、孵化创新、优化治理、创造财富等重要使命。承担"证券投资与管理"课程教学工作更要与时俱进,将资本市场的代表性案例和故事融入教学,通过课程教学的创新,不断推动课程向高阶迈进[10]。正如古人所云"君子务本,本立而道生",潜心钻研教学是一条大道。毋庸置疑,教学创新永远在路上,作为新时代高校教师,我们所面对的学生富有青春活力,思维活跃,眼界开阔,敢于质疑,喜欢新鲜事物。这就对高校教师的教学提出了新要求,这既是一种挑战又是一种新的机遇。做难事必有所得,新时代的高校教师只有拥抱数字技术,在教学组织和教学技巧中融入移动互联网、数字孪生等思维,持续不断进行课程教学研究、教学创新,才能真正走入学生的内心,让他们接受教师所传的"道"、所授的"业",相信教师真正有能力帮他们解"惑"。

参考文献

[1] 朱润蕾,李艳珍,赵梦洁.《证券投资学》课程应用型改革的思考[J].时代金融,2020(17):136-137.

[2] 张绍合,陈彦宇,冯棋森.证券投资学课程实践教学案例分析——股票市场热点的特征、成因与启示[J].现代经济信息,2019(20):349-350.

[3] 李春红.《证券投资学》课程研究性教学的探索与实践[J].教育教学论坛,2019(21):133-134.

[4] 吴朝霞,王思曼,马文芳.互联网背景下"证券投资学"课程学习共同体模式应用探析[J].当代教育理论与实践,2018,10(6):34-38.

[5] 李曦.证券投资学课程实践教学体系研究[J].时代金融,2018(30):329+331.

[6] 李刚,鞠佳.基于财商培养的证券投资学课程教学改革[J].北方经贸,2017(8):144-145.

[7] 林丽娟.应用型本科《证券投资学》课程教学改革与实践的探讨[J].课程教育研究,2017(16):244-245.

[8] 王明国.基于应用创新能力培养的证券投资学课程多元立体化教学体系的建设探索[J].商业会计,2017(3):117-119.

[9] 宝音朝古拉,刘娇.大数据环境下的《证券投资学》课程教学探索[J].教育教学论坛,2017(6):133-134.

[10] 李硕.证券投资学课程教学模式优化研究[J].当代经济,2016(30):78-79.

"农业经济学"课程中的田野调查设计与实践

张佳书

摘要：面对全球农业产业的深刻转型和市场复杂性的日益增长，农业经济学的传统教学模式和方法已经难以满足学生深入学习农业经济理论并参与相关实践的需要。在此背景下，田野调查作为一种实证研究方法，为"农业经济学"的教学改革提供了宝贵的契机。它不仅能够为学生提供实地观察和分析复杂农业经济系统的机会，而且能够培养学生的批判性思维和综合分析能力。本研究旨在通过深入探讨"农业经济学"课程中田野调查的多维设计、实施策略，以及如何确保产出的质量和真实性，为"农业经济学"课程的任课教师和学生提供一个田野调查教学和研究方法参考。

关键词：农业经济学；田野调查；教学设计；实践原则；考核标准

一、田野调查的目的和意义

作为经济学专业的一门专业课，"农业经济学"课程侧重于使学生掌握农业经济学的基本概念、基本理论和基本方法，熟悉农业经济政策及其所依据的客观规律，认识这一学科的基本构架和分析逻辑。然而，随着全球农业产业的深刻转型和市场复杂性的日益增长，农业经济这一研究领域正面临前所未有的挑战与机遇。在这样的背景下，传统的任课教师授课、学生听课的教学模式已显得陈旧，即使任课教师在教学过程中穿插权威期刊文献和经典论著的阅读，也只是在理论上弥补了单向知识传授的不足，无法满足学生对于深入了解现实世界的渴求。因此，从实际效果看，当前的教学方式存在理论与实践、学习与研究之间的脱节，致使学生的学习效果大打折扣。

在此背景下，田野调查作为一种实证研究方法，为"农业经济学"课程提供了一个宝贵的窗口，使我们能直接与实际的农业经济环境互动，从而得到更为真实和深入的洞见。田野调查是指所有在现场实地进行的调查研究工作，也称田野研究。[1]它是一个发展着的概念，最初的田野调查主要指人类学的研究者到调查现场收集材料的过程，后来逐渐成为一种研究范式，广泛应用于社会科学领域。以《乡土中国》和《江村经济》闻名的社会学家费孝通、以研究交易费用而获诺贝尔经济学奖的罗纳德·科斯均倡导田野调查，主张将抽象的经济学假设条件、统计样本和分析逻辑置于真实的世界，因为社会本身就是一个"实验室"，事实必须从中挖掘出来。[2-3]

对于"农业经济学"课程来说,引入田野调查首先是为了帮助学生直观地感受中国农村的真实样貌,通过去田间地头走一走,看一看,真正把从书本上学到的知识与实际问题结合起来,如此才能切实体会和理解我国"三农"问题的复杂性,从而学有所获。其次,"农业经济学"课程也十分强调学生研究探索能力的培养。让学生穿梭于村庄田野和象牙塔之间完成调查、访问、整理和汇报,借此引发其对我国当前农村经济社会发展的思考,提高发现问题和分析问题的能力,使他们在不经意间走进一个书本上没有的学问之地,从而提出适合我国国情的农业现代化道路设想。然而,有效地进行田野调查并不简单,需要有精确的设计、周详的规划和深入的分析。不仅如此,鉴于田野调查涉及现实中的社区和群体,其方法的选择和应用也涉及伦理和社会责任的问题。[4]因此,本研究深入探讨"农业经济学"课程中田野调查的多维设计、实施策略,以及如何确保其产出的质量和真实性,为学生提供实地观察和分析复杂农业经济系统的机会,同时培养其批判性思维和综合分析能力。

二、田野调查的实践原则

在农业经济学领域中,田野调查旨在深入农村,了解农村经济运行的实际状况。为此,调查者需要遵循一系列原则,以确保调查的真实性、准确性和公正性。

(一)求实严谨的调查作风

田野调查是一种实证研究方法,其核心在于追求真实。布尔迪厄(1977)曾指出,田野调查要求研究者超越纯理论的探讨,直接与实际接触。[5]这意味着,当研究者选择了特定的研究主题(如农产品的市场机制)时,他们需要深入农村,与农民、商贩等实际参与者交流,收集一手资料。更为重要的是,所有的调查记录都应如实反映原始情况。这不仅包括对话原话记录,还有对现场情境、活动、人物的详细描述。应避免任何形式的主观判断或猜测,以确保数据的客观性和真实性。同时,在田野调查中,数据的来源可能有多种,如口头访谈、历史文献、史实记录等。格尔茨(1973)曾强调,田野调查不仅是数据收集,更关键的是如何对这些数据进行解读和分析。[6]因此,对于所有收集到的信息,研究者都需要秉持细致严谨的态度进行多次验证和核实。例如,如果研究者在田野调查中了解到某种农产品的价格变动,那么他们不仅要记录这一信息,还要进一步询问价格变动的原因、对农民的影响以及可能的长期趋势等,从而确保研究的全面性和深入性。为此,调查者需要采取一系列措施。首先,他们需要在开展田野调查之前进行充分的培训,了解如何使用不同的工具和技术进行数据收集。此外,他们还需要定期进行检查和更新,确保数据的完整性和一致性。

(二)平等尊重的调查态度

马林诺夫斯基(1922)曾指出,田野调查不仅仅是数据收集,更重要的是与被调查者建立信任关系。[7]这要求研究者持平等、尊重的态度,避免任何形式的偏见或歧视。在农业经济学领域中,这意味着调查研究者在与农民、商贩等交流时,不应仅仅看到他们作为数据来源的价值,而应该真正关心他们的生活、需求和困境,努力了解他们的真实想法和感受。

(三) 敏锐的观察分析能力

成功的田野调查需要研究者具备敏锐的观察力和分析能力。申苏尔等人(1999)认为,良好的理论修养是田野调查的基础,而深入的社会调查需要丰富的人生阅历和经验积累。[8]这意味着研究者不仅需要掌握相关的理论知识,还要具备实际操作的技巧和经验,从而能够快速、准确地识别和记录关键信息。在田野调查中,数据的及时、准确和完整记录是至关重要的。因为田野调查中的数据往往是不可复制的,一旦失去,可能永远无法重新获得。

三、田野调查的教学设计

(一) 课程内容的拆解与整合

为了确保学生全面、深入地理解农业经济学,任课教师从不同的维度对课程内容进行了拆解和整合,分成了以下3个部分:生产函数中的核心要素、农业经营模式的多样性,以及农村经济的其他关键议题。

首先,生产函数在农业经济学中是一个核心概念,描述了如何将土地、劳动力、资本和技术的输入转化为农产品输出。但在实际的田野调查中,这些抽象的要素需要具体化,与实地情况结合。例如,对于农村土地来说,需要考虑的不仅仅是面积大小,而且涉及土地的质量、地理位置、使用权的归属等复杂因素。而对于农业劳动力,则需要考虑到劳动力的年龄结构、教育水平、技能培训情况等。对于这些复杂的问题,田野调查可以为我们提供第一手的资料。其次,随着市场经济的进一步深化,农业经营主体的多样性日益显现。从传统的小规模家庭农场到现代化的农业合作社,再到大型的农业龙头企业,每一种经营模式都有其独特的经营逻辑和市场策略。田野调查可以帮助学生深入理解这种复杂关系,从而更好地把握农业经济的运行规律。除了上述两个核心议题外,农村经济还涉及其他一些关键问题,如农村的贫困问题、农产品的加工与销售、农民的风险管理等。这些问题不仅关乎农民的生计,还影响着农业经济的整体发展。对于这些问题,田野调查可以提供宝贵的数据和见解。

(二) 调查设计与前期准备

在进行田野调查之前,首先需要明确调查的课题和目的。一方面,这需要任课教师结合自己的研究兴趣和课程内容,提出具有针对性和指导性的课题;另一方面,教师也要考虑到学生的兴趣和能力,确保调查的可行性。一个好的田野调查课题既要有学术价值,也要有实践意义。[9]开学第一周,任课教师会确定3~5个调查课题并布置给学生。学生自由分组匹配课题,每组8~10人。确定分组之后,还需要做调查前的准备工作。其中,任课教师负责联系村集体并进行事前沟通,确认具体的调查时间,并且尽力说服村集体参与数据收集和验证的过程。这不仅可以提高数据的质量,还可以加强调查研究的教师与学生和当地村集体之间的互动和信任。另一方面,学生负责设计调查的问卷和访谈提纲。问卷和访谈设计的质量直接影响到数据的真实性,因此需要进行反复测试和修正。除此之外,如何选择代表性的样本,如何确保问卷的公正性,都是需要学生深入考虑的问题。每组的问卷和访谈提纲设计完成后,需及时提交至任课教师进行审核。上述工作一般在一周内完成。

(三)田野调查的实施过程

在完成上述准备工作之后,任课教师组织学生赴村进行首轮田野调查。在此过程中,任课教师需要带领学生进行实地考察,与农民和村干部进行深入的沟通交流。这不仅需要任课教师具备丰富的田野调查经验,还要能够调动学生的积极性,确保调查的效果。这里需要特别注意的是,建立与当地农民的良好关系是开展田野调查的关键。有效地与农民沟通并得到他们的信任,是每次田野调查的第一步。在进行田野调查时,任课教师和学生应该以开放、友好的态度与农民交流,并且在沟通的过程中时刻提醒自己注意围绕研究课题,尽量不要偏题。

另外,田野调查往往涉及大量的数据收集和记录,如何确保数据的准确性和完整性也是每次田野调查的重点。在此过程中,任课教师和学生应该采取多种方法进行数据的记录和整理,比如录音、摄影、做笔记等,以确保数据的真实性和可靠性。首轮调查完成之后,需要将调查的内容进行初步整理和汇总,由组长负责汇报,全班参与讨论,总结归纳出首轮调查的问题和不足,修正调查问卷和访谈提纲,然后进行第二轮补充调查。总调查时间控制在三周以内。

(四)调查数据的整理与分析

两轮调查完成之后,接下来是数据的整理与分析。数据分析是农业经济学研究的核心环节,它决定了研究的质量和深度。[10]这一过程中,任课教师需要指导学生如何利用统计软件进行数据分析,如何对数据进行逻辑性检验,如何基于数据得出合理的结论。这不仅是一个技术性的过程,更是一个科学思维的培养过程。

(五)田野调查报告的撰写

学生需要根据整理和分析的数据撰写田野调查报告。为了确保报告的科学性和客观性,任课教师应该为学生提供具体的写作指导,帮助学生对数据进行深入的分析,撰写结构清晰、逻辑严谨的报告,最终得出有意义的结论。例如,在写作方法上,学生可以使用文献分析法,通过文献回顾构建研究背景和理论框架,通过尽可能深入研究现有文献来为田野调查提供理论支撑和指导,确保研究方向与目标的明确性。这有助于学生识别可能的研究缺口,从而明确本组田野调查报告的创新之处。学生还可以使用个案分析法,通过深入的个案研究,对某一现象进行细致的观察和分析,并将其与调查数据的结果进行适当结合,从而进行多角度、多层次的分析。每组学生根据调查结果完成调查报告,于考试周结束之前上交给任课教师。

四、田野调查报告的考核标准

任课教师在对学生提交的田野调查报告进行评分的时候,需要对照上述田野调查的基本原则,遵循以下标准。

首先,评判整体调查是否真实可靠。在农业经济学的田野调查中,真实性作为核心要求,对于提供高质量研究参考有着关键作用。真实性不仅关乎数据的准确性,还涉及数据如何反映实地的真实情境,以及调查者如何忠实地解释这些数据。

其次,观察学生在调查过程中是否持有主观偏见与文化预设。在田野调查中,每个研究者的观点都是由其个人背景、经验和文化价值观塑造的。因此,如何管理和控制主观偏见,就成为调查者关心的核心问题。根据汤普森和哈里斯(2016)的研究,文化预设是指研究者的文化背景、信仰和价值观对其研究观点的潜在影响。[11]这可能导致学生在调查过程中无意识地曲解或误解某一现象,进而影响研究的真实性和公正性。例如,一个来自经济发展水平较高城市的学生可能难以理解农村地区的某些传统农业生产习惯,因为他们之间存在深刻的文化差异。为了避免这种情况,任课教师需要提醒学生通过多种方式来挑战和质疑自己的文化预设。其中,一种有效的方法是与农民进行深入交流,积极倾听他们的观点和反馈,确保研究结果能够真实反映农民的心声。

此外,任课教师还需检验调查报告里重点分析的问题是否具有一定的典型性和代表性。田野调查的一个关键目标是发现和解释一般性的模式和趋势,一个成功的田野调查报告应该能够超越特定的时间和地点,为理论建构提供有价值的见解[12],而不是仅仅关注某一特定的现象或个案。

任课教师将根据上述考核标准,对每组提交的调查报告进行评分,将其作为学生期末总成绩的一部分,占比50%。

总之,"农业经济学"课程中的田野调查是一个复杂但富有价值的教学环节。通过田野调查,学生不仅可以深入了解农村经济的实际情况,还可以培养自己的研究能力,丰富实践经验。作为任课教师,应该充分重视田野调查的教学设计,确保学生从中获得最大的学术和实践收益。

参考文献

[1] 饶清强. 田野研究及其在教育科研中的应用[J]. 教书育人, 2006(8):32-34.

[2] 刘亚秋. 社区研究中的田野精神——以费孝通早期实地研究为例[J]. 社会科学文摘, 2022(11):103-105.

[3] 周大鸣. 认识中国:从费孝通的社会调查经历谈起[J]. 求索, 2021(4):31-39.

[4] 余园. 田野调查对人类学研究的价值与意义[J]. 大连民族学院学报, 2005(4):15-17.

[5] BOURDIEU P. Outline of a theory of practice[M]. Cambridge:Cambridge University Press. 1977.

[6] GEERTZ C. The interpretation of cultures[M]. New York:Basic Books, 1973.

[7] MALINOWSKI B. Argonauts of the Western Pacific[M]. London:Routledge & Kegan Paul Ltd. 1922.

[8] SCHENSUL S L, SCHENSUL J J. LECOMPTE M D. Essential ethnographic methods:observations, interviews, and questionnaires[M]. Walnut Creek, Culif:AltaMira Press. 1999.

[9] WANG H, LI Y. The challenges and opportunities of field research in agricultural economics[J]. Journal of Field Studies in Agriculture, 2021, 14(3):415-430.

[10] LIU B, ZHANG J. Data analysis in agricultural economics:methods and applications[J]. Statistical Methods in Agri-business, 2022, 9(1):25-40.

[11] THOMPSON L, HARRIS M. Cultural presumptions and fieldwork:a reconsideration[J]. Journal of Agricultural Studies, 2016, 55(3):421-439.

[12] ROBINSON F, LEE D. Generalizability in fieldwork:theoretical considerations[J]. Agricultural Economics Letters, 2019, 11(4):312-320.

劳创教育中融入经济学专业知识的实践与探索

聂 晨

摘要：在劳动教育和创业教育日益受到大学重视的背景下，本文讨论了经济学专业知识在劳创教育中的有机融入问题。基于劳创教育中融入经济学知识的必要性，以北京航空航天大学"创业实践"课程中学生完成的创业校园微实践——大学生线上督学为例，讨论事前、事中和事后劳创教育中经济学专业知识融入的实践和分析。最后，本文总结了在大学劳动教育和创新创业教育的结合中，有机融入经济学专业知识的启示和结论。

关键词：劳动教育；创业教育；劳创结合；专业劳育；经济学

一、劳创教育中融入经济学知识的必要性

劳动教育、创业教育及劳创结合，在当今高等教育中占据着越来越重要的地位[1]。2020年7月，教育部印发《大中小学劳动教育指导纲要（试行）》，提出高校要推进劳动教育与创新创业教育的深度融合。当前大学劳动教育结合创新创业教育的意义在于培养学生的综合素质和创新能力，提高其社会适应能力和职业发展竞争力。劳动教育可以帮助学生树立正确的劳动价值观，培养良好的劳动习惯，提高实践能力和自主创新能力；而创新创业教育则注重培养学生的创新意识和创业能力，激发其创业激情。创新创业教育可以使学生了解创业的基本知识和流程，掌握创业的方法和技巧，培养创业思维和决策能力。将两者结合，可以让学生在劳动中体验创新，在创新中体现劳动价值，提高其综合素质和社会适应能力。[2]此外，劳动教育和创新创业教育的结合也可以增进学生对社会经济发展的认识，了解市场需求和产业发展趋势，为其未来的职业发展打下坚实基础。[3]通过这样的教育方式，可以培养出更多具备创新能力和实践能力的优秀人才，为社会经济的发展做出更大的贡献。[4]当前围绕大学生的劳创结合，已经有较为丰富的研究成果。

然而，具体到经济学专业，如何将经济学专业知识融入其中，以更好地培养具有经济学素养的创新型人才，仍然是一个讨论较少的话题。经济学专业知识可以帮助学生更好地理解劳动市场的运作规律和资源配置的原理，提高其经济学素养，为其未来的职业发展打下坚实基础。经济学专业知识融入劳创教育，可以帮助学生更深入地理解市场竞争和产业发展的规律，为其创业提供有力的理论支持。因此，作为经济

学专业的学生,将经济学专业知识融入劳动教育和创新创业教育,不仅可以提高学生的经济学素养,还可以更好地促进其创新能力和实践能力的提升。通过经济学的视角,学生可以更加深入地理解劳动和创业的内涵和价值,更好地适应市场需求和社会发展趋势。因此,劳动教育和创新创业教育的结合以及经济学专业知识的融入,对于培养具有经济学素养的创新型人才具有重要意义。未来,需要进一步探索如何将经济学专业知识更好地融入劳动教育和创新创业教育,以培养更多具备创新能力和实践能力的优秀人才。

下面以北京航空航天大学"创业实践"课程中学生完成的创业校园微实践——大学生线上督学为例,讨论如何更好。在劳创教育中融入经济学知识。"创业实践"课程主要面向人文学院经济系学生,同时全校学生均可选修,主要根据教育部《普通本科学校创业教育教学基本要求(试行)》(教高厅〔2012〕4号)而开设。该课程在融合通识教育和专业教育的基础上,主要围绕创业劳动教育理论学习和创业劳动教育实践考核目标进行设计,同时考虑有机融入思政劳动教育与专业劳动教育,构建四位一体的多元化劳育课程体系,促进上课学生在劳动知识学习和劳动创业体验中感受勤俭、奋斗、创新、奉献的劳动精神,培养服务社会、服务他人的奉献情怀和服务意识,磨炼意志、砥砺品格,进而提高实现人生价值的能力。该课程在设计上,尝试从以下两个方面融入经济学知识点。

一是在课堂讲授环节中融入经济学专业知识:在详细介绍与创业相关联的劳动力市场现状、劳动关系、劳动经济、劳动社会保障、劳动安全等相关法律和法规的同时,也对学生进行职业生涯教育和就业指导,让学生掌握开展创业活动所需要的基础知识和基本理论,熟悉创业环境、创业基本流程和基本方法,树立良好的劳动职业道德,增强劳动法律意识。

二是在课堂外同步进行的小组创业劳动实践环节中融入经济学专业知识:结合选课学生主要来自经济学专业的特点,让学生体验从寻找创业资金、管理创业资金到扩大创业资金的过程,从中了解和熟悉经济学专业知识在创业劳动教育中能够起到和应该起到的作用;同时,在分小组进行的具体创业劳动教育与劳动实践中,亲身体验供给与需求、价格与价值、劳动创造价值等专业知识的运用。

二、在劳创教育中融入经济学知识点的实践

(一)事前:分析商业环境

大学生线上督学的创业实践灵感,来源于大学生期末考试、研究生入学考试、出国英语考试及公务员考试的准备阶段,学生有被监督学习从而增加学习时长、提高学习效率的需求。由此,"线上自习室"校园创业劳动实践项目开始筹划。在这一阶段,创业的学生团队引入商业环境分析,具体思考了如下四个方面的问题:一是需求,即

项目是否能够吸引到足够的"顾客"。二是商业模式,即收费模式是否能够被需要监督的"客户群体"接受。三是时机,该项目是否在机会之窗敞开期间,即期末考试、研究生入学考试、出国英语考试及公务员考试是否集中在创业劳动期间。四是资源配置,即项目是否有资源(人、财、物、信息、时间)。

围绕商业机会的识别,团队对以上四方面的问题进行了回应:一是项目能够吸引到有效"顾客"。相比于线下督学,线上督学对于"社恐"群体更加友好。二是项目的商业模式应该行得通,线上活动的覆盖面较为广泛。三是多数考试都集中在创业劳动实践的学期,比如英语四六级考试、研究生入学考试、公务员考试等,有学习计划的大学生数量很大。四是资源配置上,首先通过商业规划进行优化,即限制项目的持续时间和项目的参与人数,以此来减轻个人负担;其次,现成的自律性App(如forest或番茄todo)能够帮助我们统计学习情况;再次,也是很重要的一点,团队成员都很和善,并且在学习上都相对自觉,责任心较强,能够很好地负责督学活动;最后,目标群体限制在大学生群体,其整体素质较高,可以规避大部分风险。综上所述,该项目具有较强的可行性。

(二) 事中:应对商业风险

创业劳动实践的运行过程包含3个组成部分。首先是分工。A同学负责前期海报的制作和项目的宣传,并进行前期的咨询对接和财务管理,统一收取费用和支出最后的返利,避免混乱。B同学和C同学负责每日监督计划的收取,若对方有需求,则进行适当的言语鼓励,或者分享自己的学习资料。考虑到校园创业劳动实践的时间精力问题,项目规定每个督学员负责的学生不超过4人。由D同学进行前期问卷的设计、发放,记录全过程所有信息并汇总处理,并辅助其他3位同学。

其次是收费标准。项目持续时间为2022年9月28日—2022年11月28日,一期20天,预收费用为20元/期,于第一天收取。若20天全部完成则返利一半,若未完成则不返利,钱款会在最后一天由财务管理人员发放。

最后是项目实践流程。项目的运行按时间顺序分为线上宣传、前期咨询和收费、每日监督以及后期返利。总结如下:一是线上宣传,包括制作海报,将其发送至朋友圈和微博进行宣传。二是前期咨询和收费,项目由督学员向学员说明项目的具体事项,解答疑问,确认学员需要使用的手机自律App并进行收款,确认钱款到账后建立微信联系。无论是使用forest、番茄todo,还是二者均不使用的学员,督学员都会根据学员的选择和习惯提供督学服务,尽可能做到个性化督学。三是督学,包括打卡成功和失败两类结果。对于打卡成功的学员,若经认定完成质量较高,项目团队会将10元返利转账给对方,并向其询问项目的整体评价。对于打卡失败的学员,则对其展开问题分析。

从经济学的视角分析,项目的运行存在两类商业风险:

一是人力资源问题。后期出现多位学员之间督学时段的重叠,且督学员每天除了完成自身的学习任务外,还要持续关注各个学员的学习完成情况,如此既带来了压力,也影响了督学的效果。

二是时间弹性问题。这主要来自打卡失败学员的总结,20天连续不断的高强度集中时间段打卡学习会使学员较为疲惫,在中断一天的学习后容易产生后续干脆不学了的"摆烂"心态。针对这一问题,项目提出的解决措施是增加弹性时间,譬如规定打卡总数仍是20天,但每周周末为弹性时间,若学习则计入打卡时间,休息也不会算作打卡的缺失。

(三)事后:体会劳创实践与专业知识的融入

创业是指创业者对自己拥有的资源或通过努力能够拥有的资源进行优化整合,从而创造出更大经济价值或社会价值的过程。创业是一种劳动方式,是一种需要创业者进行运营、组织,运用服务、技术、器物作业,并进行思考、推理和判断的行为。所以,创业本质上就是一种劳动,一种集体力和脑力为一体的高负荷劳动。相对应而言,本次创业劳动实践在一定的社会联系中创造出了项目成员期待的价值,因为项目的初衷并不在于追求高标准的盈利,而在于通过本次实践项目真正做到督促同学学习,推动同学的进步和学习习惯的改进。

本次创业劳动实践与所学专业知识在一定程度上进行了结合。不仅按照课程所学完整地推进了项目孵化,而且按照课程所学创业实践知识对项目进行了全程记录、盈利分析和风险分析,以及综合总结和反思评价,做到了与所学专业知识的结合。项目总结反映出所学专业知识在创业实践中的指导和工具作用,起到了促进搭建创业框架、解释特定问题、提供解决思路等作用。

三、启示和结论

以上对创业劳动实践的分析,可为进一步在大学劳动教育和创新创业教育的结合中有机融入经济学专业知识,带来以下三点启示。

一是强化经济学理论与实践的结合,提高劳动教育的实效性。经济学作为一门应用性很强的学科,其理论知识可以让学生更深入地理解劳动市场的运作规律和资源配置的原理。在劳动教育中,可以通过引入经济学案例和实践活动,让学生更好地应用经济学知识解决实际问题,提高其劳动实践的能力和素质。同时,也可以通过经济学理论的引导,让学生更深入地理解劳动的价值和意义,养成良好的劳动习惯,树立正确的劳动价值观。

二是培养学生的创新创业思维,提升创新创业教育的针对性。经济学专业知识可以让学生更深入地理解市场规律和商业模式,为其创业提供有力的理论支持。在创新创业教育中,可以通过引入经济学理论和案例分析,让学生更好地了解创业的基本知识和流程,掌握创业的方法和技巧,培养其创业思维和决策能力。同时,也可以通过经济学知识的应用,让学生更好地把握市场机会和商业风险,提高其创业的成功率和可持续性。

三是促进经济学教育与劳动教育和创新创业教育的有机融合,提升人才培养的综合性。经济学专业知识与劳动教育和创新创业教育的融合,可以促进人才培养的综合性和多样性。通过经济学的视角,学生可以更全面地理解劳动和创业的内涵和价值,更好地适应市场需求和社会发展趋势。同时,也可以通过劳动教育和创新创业教育的实践,让学生更好地应用经济学知识,提高其综合素质和创新能力。

由此可见,当前大学经济学专业知识融入劳动教育和创新创业教育能够强化经济学理论与实践的结合,提高学生的劳动实践能力;培养学生的创新创业思维,提升其创业成功率;促进经济学教育与劳动教育和创新创业教育的有机融合,提升人才培养的综合性。

在具体实践中,可以通过优化课程设置、增加实践活动、增加校企合作等方式,将经济学专业知识有机融入劳动教育和创业教育。例如,可以系统地打造"经济学原理""市场营销""财务管理"等相关课程与大学生所参加的社会实践活动、实习实训等活动的通路,让其在实际操作中应用所学专业知识,在加深知识理解的同时,也进一步提升劳动和创业能力。

参考文献

[1] 聂晨.劳动教育融入高校《创业实践》课程的探索[J].创新创业理论研究与实践,2022,5(9):52-54.

[2] 聂晨.高校双创课程融合劳动教育的效果研究——以北航《创业实践》课程为例[J].今日科苑,2022(3):53-59.

[3] 张怡凡,张莹.高校创造性劳动教育的内涵及其实施路径[J].思想理论教育,2023(10):107-111.

[4] 项贤明.劳动教育的理论意蕴[J].华东师范大学学报(教育科学版),2023,41(8):44-52.

金融学线上线下混合式"金课"建设研究

徐迎迎

摘要：在数字信息高度发展的时代，线上教学模式备受推崇，呈现出多种样态的线上授课模式。本文以金融学线上线下混合式"金课"建设为例，对线上线下混合式"金课"建设现状进行研究，进而提出当前加强金融学线上线下混合式"金课"建设的必要性；然后提出金融学线上线下混合式"金课"设计目标及方法；最后尝试性探究金融学线上线下混合式"金课"建设的实现路径。通过多措并举，把金融学线上线下混合式"金课"建设好，让更多学生学好用好金融学。

关键词：金融学；线上线下；混合式；金课

一、引　言

习近平总书记指出，"金融是实体经济的血脉，为实体经济服务是金融的天职，是金融的宗旨，也是防范金融风险的根本举措"，强调要"增强金融服务实体经济能力，坚决打好防范化解包括金融风险在内的重大风险攻坚战，推动我国金融业健康发展"。优化金融治理体系、提升治理能力现代化是中国式现代化的题中应有之义。因此，加强金融学课程的建设符合我国现代化建设的需求，也是习近平经济思想的重要体现。应该始终坚持把金融学作为高等院校相关专业课程建设的重要组成部分，积极推动金融学"金课"的建设与改革。

高校金融学课程建设是高校"金课"建设的重要组成部分，进行金融学线上线下混合式"金课"的建设既要符合高校"金课"建设的一般规律，也要符合金融学本身的特殊性。当前，为让广大学生学好金融学，应加强线上线下的"金课"建设。其中，慕课等线上教学方式挣脱了传统教学方式在教学时间和空间上的桎梏，在教学理念上从"以教为主"转变为"以学为主"，在教学方法上从单一的线下教学转变为线上线下相结合的教学模式，在教学理念上从传统的灌输式教学转变为真正的"以学生为中心"的教学。习近平总书记在学校思想政治理论课教师座谈会上指出，要坚持政治性和学理性相统一，坚持价值性和知识性相统一，坚持建设性和批判性相统一，坚持理论性和实践性相统一，坚持统一性和多样性相统一，坚持主导性和主体性相统一，坚持灌输性和启发性相统一，坚持显性教育和隐性教育相统一。金融学作为重要的专业课程之一，也应当深化思政改革，创新教学方式。

二、线上线下混合式"金课"建设研究现状

(一)线上线下混合式"金课"教学的内涵与认知

自20世纪90年代开始,国内外学者对混合式教学的认知经历了三个阶段:以技术为中心、以教师为中心、以学生为中心[1]。广义上的混合式教学指线上教学与线下教学相结合的教学模式,如MOOC教学、App教学、SPOC教学等。线下教学则以课堂教学为主,同时注重应用现代数字技术。也有学者对混合式教学的认知进行了定量研究。例如,Bekmanova等[2]"远程教育背景下现代教师的数字技能"建立在灵活的个性化学习模式的基础上,以入学考试为基础,确定知识的初始水平和数字技能的程度。Sharma等[3]通过对654名工科本科生进行调查,发现线上学习和线下学习各有优缺点,需要将二者结合起来进行。在"金课"理念下的线上线下混合式教学形式将会成为提高学生自主探究能力,提升教师的信息技术教学素养,并进一步升华教与学的效果的最佳方式。2018年11月,教育部高等教育司司长吴岩在"中国大学教学论坛"明确了"金课"的"两性一度"标准,即高阶性、创新性和挑战度[4]。李志义[5]根据课程"含水量"和"含金量"的比较结果提出,"金课"是具有"探究性、批判性、对话性、开放性和知行合一"的课堂。

(二)线上线下混合式"金课"的构建与实践研究

邝翠芬和杨振波[6]认为,可以通过混合式教学模式解决专业教育和思政教育"两张皮"的问题。针对线上线下混合式课程建设与运行存在的前期规划性不足、教学资源相对紧张、课程管理机制不协调而导致教学质量水平不高的问题,学者们提出了线上线下混合式"金课"建设与实施策略。张丹[7]以Bloom教育目标分类学、混合式学习理论、POA理论为基础,构建了大学英语混合式"金课"建设的理论模型。谢首军[8]以思政课为例,提出线上线下混合式思政课"金课"多有翻转课堂、生讲生评、案例点评、研讨辩论、项目探究、生问生答、平行互动等形式。贾恒欣[9]提出了高校思政课智慧课堂教学模式,也就是利用互联网、大数据来推动高校思政课的改革与创新。所谓智慧课堂不仅是指培养智慧人才,更是在于运用智慧技术来推进智慧教学。刘丽娟等[10]以图书馆教学创新服务为例,围绕金课的"高阶性、创新性和挑战度"提出了重构学科馆员、教师和学生三个主体之间关系的"三位一体"混合式"金课"共建管理模式。金乐[11]以虚拟技术助力红色文化的发展为例,指出高校思政课应该具有现代化的技术标准,虚拟技术等能将线上和线下灵活地结合起来,在近距离把握价值主导、讲好中国故事方面发挥了重要的作用。刘正涛等[12]提出了通过明确课程建设顶层设计、提升课程建设水平、协调课程管理机制推进线上线下混合式"金课"建设。严萍昌[13]以"形势与政策"课程为例,提出线上线下混合式"金课"的实现路径在于促进

教学全过程的系统整合,构建基于共商共建共享的师生教与学联动的教学共同体。苏文华等[14]提出基于"雨课堂"的功能,把线上慕课和线下课堂结合起来,教学过程由课上向课前和课后延展。

综合目前的研究状况来看,当前线上线下混合式教学改革实践如火如荼,教师需要根据当前的实际情况进行判断,进行有逻辑、有思路的混合式课程建设。从目前的研究来看,学界对于线上线下混合式"金课"的内涵与认知、构建与实践已有科学的认识,"金课"建设已经在多学科、多领域、多层次展开,但是对于金融学的线上线下混合式"金课"教学的探索较少。结合金融学的学科特点,明晰促进学科教师混合式教学能力发展应当遵循的规律和原则,应当提供相应的要素准备和条件保障,设计合理的教学模式是亟待解决的问题。因此,本研究在分析金融课程特点的基础上,结合多年教学实践经验,对混合教学模式下的实施路径进行探索研究,以期为推动高校金融学课程建设提供参考。

三、金融学线上线下混合式"金课"建设的动因

2018年9月10日,全国教育大会在北京召开,习近平总书记强调,教育是国之大计、党之大计。2018年6月,在新时代全国高等学校本科教育工作会议上,教育部部长陈宝生提出了坚持"以本为本"、推进"四个回归"的总体工作思路和"三个不合格"理念,强调了本科教育在人才培养中的核心地位、在教育教学中的基础地位、在新时代教育发展中的前沿地位,指出应当对大学生合理"增负",提升他们的学业挑战度,同时合理增加大学本科课程的难度、深度,并且扩大课程的可选择性,以此激发学习动力和专业志趣,真正把"水课"变成有深度、有难度、有挑战度的"金课"。结合上述背景,本文认为金融学线上线下混合式"金课"建设有两大动因。

(一)符合教育学的基本原理

从总体上来说,金融学"金课"符合教学过程中教师为主体、学生为主导的教育教学规律。从整个过程中来说,线上与线下结合的方式,转变了赫尔巴特传统的课堂中心、书本中心和教师中心,体现了杜威的以学生为中心的思想。

金融学课程可以探讨运用现代信息技术手段开展线上线下混合式教学改革的可行性,尝试建设线上线下混合式"金课"。线上和线下混合的"金课"教学模式,是让教师与学生进行探索的重要方式。杜威认为,"反省思维是一种最好的思维方式"。金融学"金课"中的"两性一度"(高阶性、创新性和挑战度)也体现了教育学的原理。"高阶性"指出要将学生的知识、素质和能力看作一个有机整体,不仅要向学生传授知识,更要使学生德智体美劳全面发展,这符合新时代素质教育的要求,同时也有助于培养学生解决复杂问题的综合能力。"创新性"指的是在课程内容上要站在时代的前沿,在教学形式上要注意和学生互动,在学习成果上要打破"唯成绩论",并注意培养学生

的研究性思维。"挑战度"指的是课程要具备一定的难度和深度,对教师和学生都要有更高的要求,也就是教育学中维果斯基的"最近发展区"理论——"跳一跳,够得着"。通过"金课"的教学来缩短学生独立活动所达到的解决问题的能力与通过教学所获能力之间的差距,激发学生的潜力。因此,如何打造"金课"便成为当前高等教育要解决的一个重要问题。但新时代的思想政治课,从课程属性上来说并不存在严格的"金课"和"水课"之分,二者之间的区别在于作为课程主体的课程内容到底是注入了"金"还是注入了"水"。

(二)构建了师生长期互动的桥梁

从教育学的角度来看,学校教育是教育者计划和组织的有目的的教育活动,通过对受教育者的身心产生影响,使他们按照规定的方向发生变化,最有效的方式就是课堂教学。但是传统的课堂教学是老师占据主导地位、老师教学生学的单向活动,在历史进程中传统教学模式虽然发挥了重要作用,但也存在一定的局限性。线上教学能够在相当程度上弥补传统教学模式的不足。首先,传统课堂单向性的特征决定教师只能根据自己的经验和学生的反映来判断课程的进度与学生的掌握程度,线上设备的加入与结合,使得教师能够直观地利用大数据观察到学生的掌握程度,据此调整教学进度,增加与学生交流的频率。其次,构建线上与线下相结合的"金课"模式,慕课及雨课堂等 App 的加入,使教学能更加满足时代需求和学生对教学模式转变的主观需求[15]。再次,金融学具有自身的特殊性,会涉及国际和国内经济、金融形势的最新进展等内容,传统的"灌输式"教学难以使学生很好地理解课程中的宏大背景,不利于老师与学生进行交流。而线上线下相结合的模式可以采用嵌入式教学法,将金融课中需要传递的正确理想信念和价值观以视频、音频、文章等更加便捷、动态、具情景性的方式呈现给学生,并与学生进行面对面讨论,从而大大提升和促进老师和学生在线上和线下的交流,提高课程教学的时效性。

四、金融学线上线下混合式"金课"设计目标及教学模式

(一)设计目标

金融学是体系严谨、知识点繁多的结构化课程,仅利用碎片时间进行学习很难达到理想效果。线上线下混合式教学能够有效地解决这一问题,让学生学有所获,教师教有所成。混合式教学改革还能够破除线上教学师生之间互动与交流的原始隔阂,使学习过程与考试监管得到真正落实,教学质量得到保障。因此,线上线下混合式教学改革是一项融合了线上慕课教学和线下传统课堂教学优点的教学改革,能够使课程更好达成"金课"建设的目标。

建设线上线下混合式"金课"是一项长期、复杂的系统性工程,涉及教学理念、教学方式、教学内容、教学质量评价等多维度的变革,关系到教师"教"与学生"学"的全过程。"教学"的本质是"教学生学",教导学生们"乐学""会学"并且"学会"。因此,金融学的课程设计应当尊重学生的主体地位,为他们提供高质量的专业课内容,满足学生对于成长和发展的期待,提升学生对专业课的亲近感、热情感、参与感。同时,也要注意专业课教师在此过程中发挥的关键作用,他们不仅承担着教授专业知识的重任,也负担着培养学生价值观的责任。高校专业课老师不仅是党的坚定支持者和捍卫者、先进文化的学习者和传播者,更是学生健康成长的引路人。线上线下相结合的混合式教学已成为高校教学的新模式,呈现出发展的新态势。无论是从人才培养还是从教育教学来说,"金课"教学都是未来发展的主流趋势。各大高校可以融合传统线下模式和新型线上模式,将二者置于"互联网+教育"的平台上,通过线上和线下教学模式的改革,将学生从表面学习引向深度学习,从而实现多维育人的目标。

在建立金融学"金课"的过程中,也要注意"以学生为中心"并非以"学生评价为中心"。教学评价是一种依赖于主体性价值判断,不同的评价主体由于知识结构等因素的不同,做出的评价可能大相径庭。要客观地看待教学质量评价,将金融学"金课"打造成一个实践性的课程,将教学的客观性与学生的主观需求有机结合起来。

(二)教学模式

根据混合学习理论、Bloom 的教育目标分类,以及以往的研究可将线上线下混合式"金课"的教学目标分为认知领域的目标、情感领域的目标、动作技能领域的目标。线上教学对应的是认知领域和情感领域的目标,线下对应的是动作技能领域的目标。据此,将金融学"金课"教育过程构建成一个模型——"金课教育目标模式"(如图 1 所示)。其中认知目标是指通过持续性的探索和反思来获取知识;情感目标是指促进学生的情感表达,与其他学习者之间建立联系;教学目标则是指线下教师与学生面对面交流来履行自己的职责。

此模式的核心目标是提升学习体验。首先,线上的学习为学生创造了学习氛围;其次,线上和线下的混合,特别是学生线上的预习等认知目标的完成与线下教学目标的结合大大提高了学习的效率;最后,情感目标和教学目标也促进了师生的对话。

综上所述,此模式完全符合"以学生为中心"的教学特点,结合 Bloom 教育目标进行拓展延伸,三大目标的结合不仅能够大大提升学生的学习体验,也极大地调动了学生参与教学活动的积极性和主动性。

五、金融学线上线下混合式"金课"建设的实现路径

金融学线上线下混合式"金课"的建设是培养我国社会主义事业建设者和接班人的重要课程,既符合国家经济建设的要求,也要符合社会主义核心价值观。要做到以

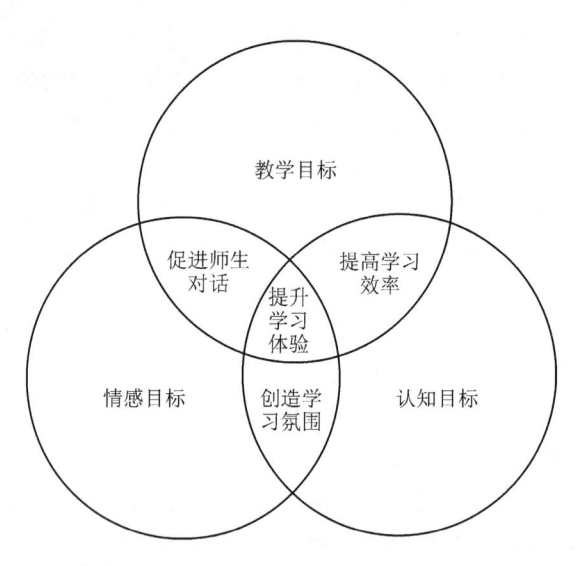

图 1　金课教育目标模式

下两点。一是深入贯彻国家的顶层设计,建立多方主体协同参与的教学模式,坚持党对课程建设的全面领导,把加强和改进思政建设摆在突出位置。二是培养学生的探究式思维,在具体的课程设计方面下功夫。

（一）建立多方主体协同参与的教学模式

线上线下混合式"金课"教学模式的建立,需要整合高校各类金融教育资源,健全学校、学校部门和教学管理单位多方主体协同参与的教学改革机制,主要从技术支持和人才支持两方面入手。一是通过技术支持建立多方主体协同参与的体制机制。首先,学校的信息技术部门为金融学线上线下混合式"金课"提供技术支撑。在教学方面,将雨课堂和学校智慧教学平台进行衔接,并对学校教师进行网络技术的培训以使其熟练掌握网络技术。其次要进行技术应用的综合创新,学校、学校部门和教学管理单位在开发利用技术的过程中进行综合创新,比如将 VR 和专业教学结合起来。这不仅需要学校信息技术部门的参与,更需要教学管理单位等的协同。二是通过人才支撑建立多方主体协同参与的教学模式。教师的政治素养、教学水平、专业知识素养对金融学课程改革有重大影响,其具体的实施途径主要是从建立科学具体的课程设计入手,以课程小组为单位,对分组、课前、课中、课后四个过程进行教学设计。金融学是一门紧密贴近现实生活的课程,很有必要让学生尽早、尽可能充分地了解和学习国家的宏观经济背景和金融政策,因此可以采用嵌入式教学法,将相关的方针、政策贯穿到整个教学过程中,为金融学的课程注入更多的生命力。

（二）培养学生的探究式思维

金融学线上线下混合式"金课"建设遵循"两性一度"的"金课"标准,重新调整课堂内外的时间安排,将学习的自主决定权从教师手中移交到学生手中,但这并不是单纯从表面上转移,而是着重从知识、素质和能力三个维度培养学生(如图2所示)。从教学形式、课程内容、学习效果三个方面着手,扎实推进线上线下混合式教学改革,充分发挥线上线下教学的各自优势,充分激发学生的主观能动性,使其形成"会学习、爱学习、学得好、用得活"的良性循环。以传授的知识为载体,以提高学生的素质和能力为目标,突出讲授内容的前沿性、时代性,以及讲授方式的先进性、互动性。以此为课程建设思路,致力于打造线上线下混合式教学改革的"金课"。

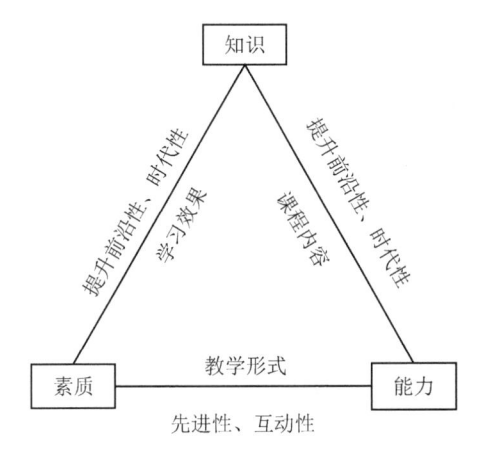

图2 "金课"思维的逻辑路线

"金课"思维关注学生探究式思维的培养。从创设问题情境出发,合理安排学生分组,积极推动学生之间的相互协作学习,提升自主学习能力,使学生在相互学习、相互评价的过程中迅速成长。整个学习过程要注重师生间的互动,翻转课堂并不是以视频取代教师,它既是利用优秀教学资源的线上优势进行传播的一种方式,又是一种增进师生间互动的手段。学生通过课前预习带着针对性问题去听课,提升自己在听课过程中"有意注意"的能力。除此之外,学生考核不能单以成绩下定论,要建立多元化的综合考核模式,重点考核学生的自主学习和探究问题的能力。

六、结　论

与传统教学多停留在记忆、理解、应用等以初级认知为主的教学目标相比,线上线下混合式"金课"的教学更加注重培养和提升学生的学习能力、分析能力、评价能力、创新能力等。当前金融学课程是多数经济类、管理类专业的必修课,在本科生培养方案中占据着重要的基础性地位。金融课程的教学质量,对我国金融业从业人员的水准具有重要影响。金融学的线上线下混合式教学改革就是要建设一门让学生喜欢的"金课",使其成为"实行合一"的实践性课程。

参考文献

[1] 冯晓英,郭婉瑢,宋佳欣.教师混合式教学能力发展模型:原则、准备与策略[J].开放教育研究,2021,27(5):53-62.

[2] BEKMANOVA G,ONGARBAYEV Y,SOMZHUREK B,et al. Personalized training model for organizing blended and lifelong distance learning courses and its effectiveness in higher education[J]. Journal of Computing in Higher Education,2021,33(3):668-683.

[3] SHARMA D,SOOD A. K,DARIUS P S,et al. A study on the online-offline and blended learning methods[J]. Journal of The Institution of Engineers (India):Series B,2022,103(4):1373-1382.

[4] 吴岩.建设中国"金课"[J].中国大学教学,2018(12):4-9.

[5] 李志义."水课"与"金课"之我见[J].中国大学教学,2018(12):24-29.

[6] 邝翠芬,杨振波.混合式教学模式下《金融学》课程思政建设策略[J].湖北开放职业学院学报,2022,35(23):92-93+96.

[7] 张丹.大学英语混合式金课的构建与实践研究[J].外语电化教学,2021(1):71-77+91+12.

[8] 谢首军,陈庆庆.建设思想政治理论课"金课"的标准与类型[J].中国大学教学,2019(2):42-46.

[9] 贾恒欣.构建高校思政课智慧课堂教学模式的四重维度[J].学校党建与思想教育,2022(22):40-43.

[10] 刘丽娟,袁曦临,刘丹.混合式金课"三位一体"共建管理模式研究——以东南大学图书馆教学创新服务为例[J].图书馆学研究,2022(9):29-36.

[11] 金乐.构建基于"一体三足"的红色文化思政"金课"——以江苏红色文化为例[J].中学政治教学参考,2023(3):38-41.

[12] 刘正涛,王蔷馨,许淋萍.应用型本科高校线上线下混合式"金课"建设与实施探讨[J].江苏高教,2020(11):80-83.

[13] 严萍昌.新时代高校思政课"金课"建设的"四底"保障析论[J].学术论坛,2020,43(3):120-125.

[14] 苏文华,曹琳,周睿,等."人类生态学"课程线上线下混合式教学改革的实践探索[J].云南大学学报(自然科学版),2020,42(S1):70-73.

[15] 刘勇,夏雪晴.雨课堂助力高校思政"金课"打造的动因、问题与对策[J].广西社会科学,2020(8):177-182.

人才培养篇

新文科背景下经济学专业创新型科产教融合育人模式的构建

沈映春　何平林　张佳书

摘要： 新文科改革对高校的专业学科发展提出了人才培养要转向需求导向、学科及课程要交叉融合，以及教学应向主动引领转变等新要求。经济学专业的综合性、应用性和创新性特征完全符合新文科建设的属性，产教融合、协同育人是最好的实现途径。本文把服务国家作为最高追求，以深化产教融合为主线，对新文科背景下经济学专业的产教融合育人模式进行探究，通过加强多学科融合的"科研课堂"建设，推动科研课堂与传统课堂的融合；通过建设"社会课堂"，增强校企育人合力。在专业课程设计、综合实验、课程论文、科研课堂、毕业论文等多个实践教学环节层次递进，培养学生的科研创新能力，构建新文科背景下经济专业创新型产教融合育人模式。

关键词： 新文科；经济专业；科产教融合；育人模式

一、引　言

2018年8月，中共中央提出高等教育要"发展新工科、新医科、新农科、新文科"，"新文科"正式上升为教育重大发展战略。新文科以新时代、新经济和新科技为背景，在传统文科人才培养模式基础上进行丰富和拓展，不再以现有文科人才培养模式为限制条件，推动文科与新工科等其他学科之间的交叉融合，从国家发展战略的高度重塑现有文科人才培养模式。2021年3月，教育部发布《教育部办公厅关于推荐新文科研究与改革实践项目的通知》，进一步明确指出新文科建设思路和具体实施方案，要求高校在人才培养机制方面注重创新能力的培养，着重强调科研能力在新文科建设中的核心地位，为加快我国"双一流"建设提供强大支撑。

新文科建设的"新"主要体现在培养高质量应用型人才以服务经济社会发展的需要，其中科研能力、创新能力的提高是重要任务之一，而科产教融合是最主要的实现途径。关于科教融合，教育部出台了一系列文件。2001年印发的《关于加强高等学校本科教学工作提高教学质量的若干意见》，提出要"提倡实验教学与科研课题相结合，创造条件使学生较早地参与科学研究和创新活动"。2005年1号文件《关于进一步加强高等学校本科教学工作的若干意见》更是直接指出，要"积极推动研究性教学，提高大学生的创新能力""要让大学生通过参与教师科学研究项目或自主确定选题开展研究等多种形式，进行初步的探索性研究工作"。2016年印发的《高等学校"十三五"科学和技术发展规划》明确指出："创新人才培养模式,探索用科研计划引领创新人才培养。推动各类科研项目吸纳本科生参与研究。"2020年,又在《未来技术学院建设指南(试行)》中指出："坚持科教结合,强化科研育人功能,探索高校和科研院所联合培养未来科技创新领军人才的有效模式。引导高校将人才培养与科技创新有机结合,及时把最新科研成果转化为教学内容,推动科研基地和资源更大范围开放共享……"

二、现状和存在的问题

目前经济学专业的产教融合仍处于初步探索阶段,融入度和深入度均有待提升;经济学如何与其他哲学社会科学学科、新科技革命交叉融合等问题有待深入探讨。经济学专业以培养经世致用的研究应用型人才为目标,多年来对注重理论演绎推导的传统教学模式进行了改革。在专业教学活动中,在保证理论教学质量的同时,加大了实践性、综合性更强的实验教学比重。在会计原理、公司财务、技术经济学、证券投资学、计量经济学等方面加强实验实践教学环节,以提高学生的综合素质和实际工作能力。但在学科交叉大趋势和新文科发展背景下,还存在一些问题。

(一) 发展趋势

经济类学科与新科技紧密联系、与其他学科交叉,是大势所趋,如经济学与心理学的融合、与数理统计学的融合、与工程逻辑学的融合等。作为颇具理论性、实践性、应用性的学科,经济类学科在专业建设和人才培养中应以社会需求为主导,加强实践教学。

新文科改革对高校的专业学科发展提出了人才培养要转向需求导向,学科及课程要交叉融合,以及教学应向主动引领转变等新要求。经济学专业的综合性、应用性和创新性特征完全符合新文科建设的属性,而科产教融合、协同育人是最好的实现途径。

(二) 存在的问题

1. 本科生学术论文写作能力偏弱

部分学生不能有效查阅和研读文献,数据搜集和数据处理能力较差,软件工具应用能力不足。部分学生没有掌握科学研究方法,难以把理论知识应用到实际问题的解决中,科研水平有待提高。

2. 实验课程与新科技的融合有待加强

当前实验课主要是根据教材来安排的,学生的动手能力都有不同程度的提高。但随着经济与社会的快速发展,经济与大数据的结合日益紧密,出现了数字化、大数据化的浪潮。近几年来,经济数据分析等领域也逐渐开始朝着数量化、大数据的方向发展,开始出现对海量数据进行分析与应用的量化机构。金融投资、经济分析领域已经开始注入更多的数学和计算机元素。因此,本专业实验课程体系设置也应该向这些新技术靠拢,把新科技内容应用到经济数据、金融投资分析环节中,让分析的结论更可靠、更有说服力。

3. 经济学专业的产教融合还在探索阶段

目前缺乏固定的社会实践基地。课堂教学中对于校企合作对象、优秀校友等资源还没有充分挖掘。产教融合模式需要进一步探索。

三、重塑新文科背景下经济学专业人才培养的育人模式

为适应新时代新内涵与经济产业融合发展的新要求,高校经济学专业建设需以新文科要求为逻辑起点,持续拓展专业建设模式。坚持以"立德树人、文理交融、理工互通、寓教于研"为育人方向,将新时代新科技与经济教育深度融合,重塑新文科背景下经济学专业人才培养的知识体系与思维模式,进一步强化新业态下传统理论与新技术的融合渗透,有效培养经济行业的创新型、科研型和复合型高素质卓越人才。

(一) 教学改革的主要目标与内容

目标之一是实现科教融合。科学研究是追求和发现知识的活动,需要追求客观性和实证知识、克服主观偏见的理性精神,这是科研育人的理论基础[1]。"科教融合"是培养学生创新意识、创新精神、创新能力和团队协作能力的有效途径。建立和完善科学研究多种途径、全方位反哺人才培养的作用机制是需要解决的问题,如培养环节如何融入科研成果,实现科研与教学的有效融合、学生科研创新能力的提升,实现教学相长。

目标之二是实现"产教融合"。"产教融合"就是将人才教育培养与社会产业发展进行有机融合,是一种新兴的教育理念和模式,是推动创新创业教育改革的突破口。经济专业的实践性强,与市场联系紧密,与其他文科专业相比具有开展创新教育的优势。

"产教融合"的主要形式是校企合作育人,虽然不能像工科一样在校内建设实训基地,但可以创设虚拟商业社会环境,搭建课本知识与实践相结合的培训平台,通过综合训练,使学生掌握现代商业社会中企业运营的基础知识和理论,提高学生的综合执行能力、决策能力和创新创业能力。同时,建设"社会课堂"质量体系,基于"社会课堂"的校企协同,构建"平台、企业、学校"三位一体的实践教学体系,与多家企业建立校外教学实践基地和集中实习点,签署校企合作协议,建立协同培养模式和机制。在此基础上,利用市场调研、实习走访、实习鉴定等不断优化和评价培养机制,通过校企合作,帮助学生在满足自身兴趣的前提下确定未来的工作领域。

(二) 解决教学问题的途径

1. 重构课程体系，完善知识结构

为实现前述教改目标，首先需理顺相关课程间、知识模块间的逻辑关系。实现理论学习的层次性是提升实践教学的基础，不断优化课程体系，突出课程间、知识模块间的联系。其次，把新科技的基因引入课堂，把大数据和数理统计的思维、方法和内容等用到相关课程（如证券投资、计量经济学等）的实验过程中。再次，调整理论环节和实践环节的比例，进一步加大实践环节的比重。最后，重构实践教学的形式与方式，依托科研课堂、学科竞赛、创新创业、第二课堂等实践教学环节，加强多学科融合，为学生提供广阔的自主学习空间。

经济学本科课程体系分为"初阶""进阶""高阶"三个阶层。初阶课程包括"经济学原理""微观经济学""宏观经济学"等基础专业课程的课堂教学；进阶课程包括"发展经济学""计量经济学"等研究性、实验性课程，以及"创新生态""政策分析与定量研究"等科研课堂教学；高阶课程涵盖大创和各类科研竞赛等的第二课堂科研育人训练。

本科生科研素质的提高不是一蹴而就的，从他们进校开始，教师就需要有意识地进行培养。除了在课堂教学中融入教师科研成果外，教学团队在核心专业类课程"微观经济学""宏观经济学"的基础上，开设了"计量经济学实验""中国经济专题"，加强"微观经济学""宏观经济学""计量经济学""证券投资""财务分析"等实验课程的建设，强化对经济学原理的实践运用，针对目前重理论学习、轻实践和运用的局面，切实提升学生分析和解决问题的能力。进阶课程对应于"科研课堂"，开设了"创新生态"与"政策分析与定量研究"两门研究性课程。研讨课通过进一步强化学生对计量经济学等研究方法的掌握，拓展其学术视野，提高其基础科研能力。案例研习通过研讨主要发达国家和地区的产学研案例，使学生在系统掌握计量研究方法的基础上，提高案例分析的实践能力。高阶课程对应于"社会课堂"与"科研育人"环节，立足于北京市和全国大学生科研竞赛，加强科研方法训练，探索建立了基于经济学理论的实践导向型教学模式。

2. 开设"科研课堂"，深度推进科教融合

为支撑拔尖创新人才培养，助力科研优势转化成人才培养优势，跨学科培养学生的科研能力和创新精神，教学团队开设了"科研课堂"。"科研课堂"以经济行为与政策模拟分析实验室为支撑，开发融合多学科特色的"微课题"，如"创新生态体系与经济发展""经济政策不确定性及其测度""环境税政策国际比较及其经济后果"等，融合理论与实践、教学与科研，引导学生深度参与国家科研项目，培养学生"情景分析"和"政策实验"深度融合的双元能力。"科研课堂"根据科研和人才培养的规律，采用小班教学模式，每个微课堂的学生不超过8人。教学流程是文献搜索、文献研读、综述

报告、论文写作、制作 PPT 答辩。经过几轮"科研课堂"的教学,学生撰写论文的能力大大提高。查找文献资料、选择研究对象、构建研究框架、逻辑分析与格式修改等一系列能力是完成科学研究、撰写科研论文、参加创新竞赛的基础。

3. 建立本科生导师制,引导学生科技创新

本科生导师制源于 14 世纪的牛津大学,这种教学组织形式取得成功的原因在于三个方面:关注学生个体,依赖师生双方合作,以及对待知识的独特态度[2]。北京航空航天大学现已面向全校本科生实施导师制度。学生大一入学后,在双向选择的前提下,由学院根据专业、学生人数和师资条件为每名学生分配指导教师,每名教师指导 4~8 名学生。

导师的指导工作主要包括思想引导、学业辅导、心理疏导和创新意识引导等,培育科技创新意识和训练科研基本功也是导师的职责。在这方面,学校非常鼓励学生参与科研创新工作。从大一开始,本科生几乎全员参与各级科技创新项目,指导教师对研究方案进行把关,全程给予指导。本科生导师制的建立,对大学生科技创新意识的建立和专业素质的提升起到了重要的促进作用。

4. 以赛促教,提升学生的"双创"精神和能力

科技竞赛是培养学生创新意识,涵育科研素养,提升学生研究能力和创新能力的重要途径。以学校的"社科杯""人文杯""冯如杯",全国及省部级的大学生创新创业项目、"挑战杯""互联网＋"等项目为支撑,提升学生在各类研究活动中的参与度。依托学校理工科优势,强调学科交叉,组织和鼓励经济学专业学生和理工科学生进行资源共享和团队协作,引导学生共同参与各级科研竞赛,鼓励学生利用各自的专业优势共同解决某些社会经济问题。具有不同专业背景的学生发挥自己的专业优势,在科研过程中不断地交流思想,相互启发,碰撞出新的概念、思想观点和解决方法,从而实现不同学科之间的知识融合并顺利解决科学问题。如经济系学生谷曼和机械学院等工科学生的合作项目"AIRSEA 浮空创新科技"获 2018 年"创青春"首都大学生创业大赛——创业计划赛金奖;经济系学生白佳毓和宇航学院学生的合作项目"基于神经网络优化算法对可重复使用运载器设计方案的评估"获中国高校计算机大赛人工智能创意赛(航天组)三等奖;经济系学生郭奕含和法学院、数学学院以及工科学生的合作项目"远洋御风——新能源开发的技术先行者和公益倡导者"获第八届"中国国际互联网＋"大学生创新创业大赛——青年红色筑梦之旅(创意组)北京赛区二等奖;等等。

5. 建设"社会课堂",深化科产教合作育人

基于行业需求与实际问题的解决,建立产学研协同育人平台。教学团队在加强经济行为与政策模拟分析实验室建设,培养学生"情景分析"和"政策实验"深度融合双元能力的基础上,进一步深化教学改革,以"社会课堂"和"业界学长进课堂"模式将经济学理论与产业实践问题相结合,培养学生分析问题和解决现实问题的能力;与平高电气、长城信托、中航证券等公司进行产教合作,搭建"思维启蒙-技能训练-能力强化"科创训练体系,推进科产教融合。

总之,项目在专业课课程设计、综合实验、课程论文、科研课堂、社会课堂、毕业论文等多个教学环节,从认识了解社会经济现象开始,通过数据的收集、分析、研究,解决实际问题,层层递进,环环相扣,使学生具备了一定的科研能力和创新能力。

(三)取得的成果

严格科学的培养和训练,使学生科技创新能力大大提高,成绩傲人。近三年,学生主笔发表多篇高水平学术论文,其中 SSCI 论文 4 篇,C 刊论文 10 多篇。代表作有《京津冀人口流动与经济增长关系的实证分析与政策建议》《京津冀产业布局对人口空间分布的影响及疏导建议》《新发展理念下北京市创新主体投入结构产出效率动态分析——基于 DEA-malquist 指数与灰色系统理论的专利产出分析》《北京人工智能产业产学研合作申请专利超网络模型研究》等。

科技竞赛方面,获得"挑战杯""互联网+""统计建模大赛"等一等奖 4 次、二等奖 5 次、三等奖(铜奖)4 次,获批全国和北京市大创项目多项。如张书豪项目"'远航'青年灵活就业信息交流平台构建的设想——以数字经济为背景"获得首都"挑战杯"("揭榜挂帅"专项赛)二等奖(2021 年);高睿阳项目"教育资源均衡供给与基层社会资本网络的构建:以支教为载体的社会介入模式"获得首都"挑战杯"("红色实践"专项赛)二等奖(2021)。指导的本科生项目《千栗飘香——三产融合助力乡村振兴》获"青创北京"2022 年"挑战杯"首都大学生创业计划竞赛"青振京郊"专项赛道铜奖。《九棵树夜间"文化+生活+旅游"开放性街区商业策划书》获"青创北京"2022 年"挑战杯"首都大学生创业计划竞赛"青创副中心"副中心创业专项赛铜奖。本科生项目《ESG 和投资》和研究生项目《双向 FDI 溢出对区域技术创新的影响——兼论吸收能力的调节效应》获第八届(2022 年)全国大学生统计建模大赛北京赛区一等奖和三等奖;本科生项目《远洋御风——新能源开发的技术先行者和公益倡导者》和《智旋助农——自旋技术助力智慧农业构建》,分别获第八届"中国国际互联网+"大学生创新创业大赛——青年红色筑梦之旅(创意组)北京赛区二等奖和三等奖;本科生项目《聆飞导盲无人机——视障者的智慧出行助手》获 iCAN 大学生创新创业大赛北京赛区二等奖(2022);本科生项目《基于神经网络优化算法对可重复使用运载器设计方案的评估》荣获中国高校计算机大赛人工智能创意赛(航天组)三等奖(2022)。

每年都有多名学生获批全国和北京市"大创"项目,如全国"大创"项目《环京津贫困带农业劳动力转移对家庭福利水平的影响调查研究》,北京市"大创"项目《社区机器人服务方案提供商——"星管家"》(2021)、《线上诊疗平台运营及技术改进——"一站式医疗",你身边的健康师》(2020)等。

参考文献

[1] 周光礼.培养理性的行动者——高等教育目的再思考[J].高等工程教育研究,2015(3):49-57.
[2] MOORE W G. The tutorial system and its future[M]. New York:Pergamon Press,1968:24.

基于科技创新竞赛的文科大学生创新能力培养模式

沈映春　赵雨涵　李跟强

摘要：科技创新竞赛是培养大学生科研创新能力的有效途径。北京航空航天大学经济学系构筑了基于科技竞赛的本科生创新能力培养机制,通过科教融合、导师制优化、学科交叉等系统的科技创新活动培养,全面引导本科生参与课外科技创新竞赛等活动,在工科背景高校文科生科研创新能力的提高方面进行了有益探索。

关键词：文科大学生;科技竞赛;创新能力;培养模式

一、文科大学生创新能力培养的背景

开展本科生科研训练是培养创新人才的重要手段。欧美各国高校非常重视通过本科生科研训练来培养学生的创新素质,如美国的麻省理工学院负责本科生教学的院长马戈利特(Margaret L. A. Mac Vicar)在1969年就创立了"本科生科研机会计划",加州大学伯克利分校、斯坦福大学等一流研究型大学此后也开始了各种形式的本科生科研训练。到了20世纪80年代,美国教育界已经普遍认识到本科教育的目标应由培养全能型人才向培养创新型人才转变,在这一过程中,本科生科研训练受到了普遍关注与认可[1]。1998年,卡内基教学促进基金会(The Carnegie Foundation for the Advancement of Teaching)根据在全美研究型大学开展调研的结果,发表了著名的《重建本科教育：美国研究型大学发展蓝图》(Reinventing Undergraduate Education: A Blueprint for America's Research Universities,简称"博耶报告")。该报告强调"研究型大学必须改变传统的以知识传递为主的教学方式,要提倡以探究为基础的研究性学习,特别是要对本科生进行科研训练"[2]。"博耶报告"对美国研究型大学本科教育产生了重大影响,以哈佛大学为首的研究型大学掀起了本科教育教学改革的高潮,本科生科研训练已逐渐成为很多高校本科教育必不可少的组成部分。

在我国,教育部出台了系列文件支持和鼓励本科生参与科研训练。2001年,《关于加强高等学校本科教学工作提高教学质量的若干意见》提出,要"提倡实验教学与科研课题相结合,创造条件使学生较早地参与到科学研究和创新活动中"。2012年,将"国家大学生创新性实验计划"调整为"国家级大学生创新创业训练计划"(简称"大创项目"),具体包括创新训练项目、创业训练项目和创业实践项目三类,其中创新训练项目要求"本科生个人或团队,在导师指导下,自主完成创新性研究项目设计、研究条件准备和项目实施、研究报告撰写、成果(学术)交流等工作"。2016年印发的《高等学校"十三五"科学和技术发展规划》明确指出,要"探索用科研计划引领创新人才培养,推动各类科研项目吸纳本科生参与研究"。2020年,全国新文科建设工作会议发布《新文科建设宣言》,全面启动新文科建设。2021年,习近平总书记在清华大学考察时强调,建设一流大学,关键是要不断提高人才培养质量。新文科的核心在于创新发展,其建设要突出问题导向,构建学科交叉、跨界融合的文科知识新体系,积极对接国家战略和区域经济社会发展重大需求。在新文科人才培育上,需要在课堂教学、实践活动与科技竞赛中,培养学生的创新意识,提升其知识运用和解决实际问题的能力。

学界对大学生参与科研活动的成效、影响因素等进行了研究。Astin(1993)提出课外科研活动对大学生的智力、人格、社会和职业的发展具有巨大的潜力[3]。Kardash(2000)[4]采用问卷调查法测量了参与科研活动的本科实习生的14种科研能力,结果发现本科生参与科研活动确实有助于提高其科研能力。Bauer(2003)[5]提出参与科研活动会提高大学生的交流能力、批判性思维和科学分析能力,提高大学生自主学习的主动性和责任心,增加大学生就读研究生的可能性。郭卉等人研究发现,与教师、学长和同学进行互动是影响本科生科研训练收获的重要因素,我国本科生科研训练体系中流行的"以学长为师"的指导模式是有价值的[6]。林崇德等人基于对34位自然科学拔尖创新人才和36位社会科学拔尖创新人才的深度访谈,发现教师对学生创新素质的培养具有综合的、长期的、深远的影响。具体到本科生科研训练,导师可以帮助学生把握研究方向和突破口,引领学生了解相关领域前沿,同时用其个人魅力激发学生[7]。

本科生科研创新能力的提高可以通过课堂教学、学术研讨、科技竞赛、学术论文写作等途径来实现,而科技竞赛是其中的重要途径。竞赛能形成浓郁的科研氛围,培养学生的基本科研素养。参赛学生在确定选题的过程中,需要查阅大量与主题相关的文献资料,了解当前的学术动态和研究热点,如此能拓展学生学习专业知识的深度和广度,初步了解研究的创新点和不足。在论文撰写过程中,学生不仅要掌握研究方法,也需要学习和熟悉论文的语言表达、行文和格式等。此外,通常是以团队形式参赛,成员之间需要分工协作,能够培养团队合作精神。答辩环节,需要制作PPT并在有限时间内介绍参赛项目和创新点等,能够锻炼学生的PPT制作能力和口头表达能力。

二、基于科技竞赛的文科大学生科研训练的体系建立

大学生科研竞赛活动是课堂与社会的重要连接点,是大学生科研能力提升的重要途径。省部级以上的赛事主要有中国国际"互联网+"大学生创新创业大赛、"创青

春"全国大学生创业大赛、"挑战杯"等。如全国最具代表性、权威性、示范性、导向性，被誉为中国大学生学术科技"奥林匹克"的大学生竞赛"挑战杯"（大挑），竞赛的基本方式有自然科学类学术论文、哲学社会科学类社会调查报告和学术论文、科技发明制作三类。"挑战杯"中国大学生创业计划竞赛设置了科技创新和未来产业、乡村振兴和脱贫攻坚、城市治理和社会服务、生态环保和可持续发展、文化创意和区域合作五个组别。一般文科生参与的竞赛主要是哲学社会科学类社会调查报告和学术论文，也有与理工科学生合作完成作品的，如经济专业学生负责商业计划书部分等。为鼓励学生积极参加全国和省部级各类科技创新竞赛，北京航空航天大学（以下简称"北航"）构筑了基于科技竞赛的提高本科生创新能力的培养机制。

（一）注重科研项目在教学中的渗透

科研素质的培养不是一朝一夕就能完成的，为培养本科生的科研意识、科研能力，需要搭建包含课堂教学、学术讲座、学科竞赛等在内的本科生培养体系。在课堂教学层面，任课教师不应只传授基本的理论、知识，还需要注重学科前沿知识和科研项目的动态引入，拓展课本知识的讲解，融会贯通各知识点，并提高学生的科研创新能力。文科学生参与科技竞赛的方式主要是学术论文和调研报告，因此，课堂教学要围绕本科生尤其是低年级本科生的学术论文写作展开，培养学生的文献查阅和研读能力、数据搜集和处理能力，以及对研究方法、学术规范的掌握等。比如，笔者教授的大二专业课"发展经济学"的重点内容分为"资本""人口与人力资源""技术""资源环境""工业化与城市化"等七个专题，每个专题在授课前，要给学生提供阅读的经典文献和要结合实际解决的问题，要求每个学生紧扣专题，结合自己的兴趣完成一篇学术论文，严格按毕业论文要求的三个环节——开题、中期考核和最终论文来实施。学生确定选题、查阅文献、搜集数据资料并确定研究方法（定性或定量研究），然后运用所学经济学、管理学、社会学等知识去分析和解决问题。如笔者指导的获得过全国"挑战杯"一等奖的学生项目《京津冀雾霾空间关联特征及其影响因素的空间溢出效应分析——基于空间自相关和空间杜宾模型》，就是在学习"资源环境与经济"专题时，学生探究北京的雾霾问题而完成的一篇研究论文。学生以问卷调查、深度访谈的方式，分别对企业、政府等主体进行调查，从能源消费和地区产业结构、工地扬尘、汽车尾气、燃煤取暖等方面解释了京津冀地区雾霾产生的原因；通过运用arcGIS 12.2.2解析卫星图栅格数据获取了京津冀地区13个城市近10年的PM2.5年均浓度值，发现京津冀地区的雾霾具有显著的空间自相关整体聚集特征。根据雾霾源解析结果选取人均GDP等指标进行空间计量估计，得到了影响因素的空间溢出效应。

（二）构建"院级-校级-国家级"三级竞赛机制，培养学生的创新意识和能力

为培育国家级、省部级科技竞赛的优秀项目，我们构建了"院级-校级-国家级"三

级竞赛机制。北航是大类招生,实行书院制。文科书院是"知行书院",设立了"社科杯",其他赛事还有人文社会科学学院主办的"人文杯"、学校的"冯如杯"等。以这些校内赛事为主要载体,对参赛学生进行系统科研训练。

大一新生入学后,书院通过各种途径让创新项目逐渐进入学生的日常学习生活。比如,大一新生的第一学期,书院向新生发放学业指导指南,其中包括各类创新创业计划项目、科技竞赛等的详细说明,帮助本科生明晰目标和方向。第一学期期末,辅导员会对"社科杯"进行宣讲,邀请专家进行指导和培训。例如,专家将人文社科类研究型论文的写作总结为选题与定题、摘要及关键词、论文主体及结论几个部分;选题来源可以是国家宏观战略、社会热点和身边的问题;定题要简明确切,且能反映论文内容、研究范围和深度;摘要应反映研究的目的和重要性、研究的主要内容、结论和成果、结论的意义4个方面;正文部分要根据所研究的问题写出论点和论据;结论内容要切题;结构要层次分明、逻辑严密、条理清晰;重点要突出。

学生在书院接受通识教育一年后,会分专业进入各专业学院进行学习,除了进行专业课的学习外,还将接受系统的科研训练,包括文献检索培训、研究方法的学习、思想凝练能力的培训等。大一到大四的本科生以及研究生都可组队报名参加学校的"冯如杯"竞赛。"冯如杯"是北航声誉最高、学生参与最广的品牌赛事,北航历届"挑战杯"全国大学生课外学术科技作品竞赛、"互联网+"大学生创新创业大赛等各级各类高水平学生创新创业竞赛中的优秀项目全部由"冯如杯"竞赛培育。"冯如杯"以中国航空先驱冯如先生的名字命名,始创于1991年,紧随全国"挑战杯"而设立,由学生工作部、教务部、科学技术研究院、科学技术协会、校团委等共同主办,具有导向性、示范性和群众性,本科生覆盖率达92%。赛事采用"一杯五赛"模式,包括主赛道、红旅赛道、创意赛道、产业赛道、国际赛道,是全方位的创新创业大赛。首次增加科研课堂优秀项目推荐获奖,将"冯如杯"竞赛与科研课堂深度融合,以落实科创育人成效。主赛道分"制作组""哲社组""论文组",文科学生主要参与哲社组。对参赛的大部分本科生尤其是低年级学生来说,专业知识储备不足,需要有针对性的指导。整个竞赛过程中,专业课教师和辅导员共同参与,专业课教师负责项目选拔、内容筛选、技能指导等,辅导员负责竞赛组织、协调等。通过多级竞赛过程的锻炼,学生的创新实践能力不断得到提高。

(三)优化本科生导师制,强化导师科研引领职责

导师制是一种教学组织形式,由导师对学生的思想品德、专业学习、综合素质和个性发展等方面进行个别指导。本科生导师制起源于14世纪的牛津大学,本科生导师制度的实施,可以使本科生在专业学习和科研创新上得到充分的引导。为了给大学生创新创造有利条件,我国许多高校建立了本科生导师制度,让低年级学生在导师的指导下参与科技创新实践,培养其科技创新能力,使其尽早进入专业科研领域。北航对本科生导师制进行了优化,从以往导师主要负责指导本科生毕业设计的导师制,

改为全程导师制。2017年成立北航学院以来,从大一书院开始,全面实施本科生导师制度。学生在大一入学后,在双向选择的前提下,由学院根据专业、学生人数和师资条件为每名学生分配指导教师,每名教师指导4~8名学生。教师除了对他们进行思想引导、心理疏导、生活指导和学业辅导外,还要将更多的精力放在对学生的科研创新指导上。学校鼓励学生从低年级开始参与科研创新工作,指导教师根据学生的特点培养学生的科技创新意识,训练学生的实验动手能力,进行科研基本功的培养。在大二或大三时,学生可以结合专业学习过程中形成的创新想法和思路,自己组队申请各级科技创新项目。导师对学生的科技创新项目申请书撰写给予指导,对研究方案进行把关,并在学生完成科研工作的过程中进行引导。本科生导师制的建立,对大学生科技创新意识的建立和专业素质的提升起到了重要的促进作用。

(四)利用学科交叉优势,协同创新实践成果

北航一直在探索特色科研育人模式,为进一步推进科教融通,提出了依托科技创新平台打造"科研导师、实验室开放日、微课题"三位一体的科研课堂"TOP 计划",也就是:RT(Research Tutor)——全校从事科研任务的教师担任本科生"科研导师";OD(Open Day)——全校省部级以上重点实验室,每个实验室每周拿出1/5的时间做"实验室开放日",用于人才培养;MP(Mini Project)——每个重点实验室为学生(以小组为单位)提供规定学时的科研训练任务"微课题"。科研课堂这种实验教学模式,根据科研和人才培养的规律和特点,实行小班教学,每个科研课堂学生最多8人。每个科研课堂面向教师指定学院的二、三年级本科生开放选课。科研课堂的授课内容均有专业针对性,比如经济学专业的科研课堂,内容涉及经济学研究前沿、最新学科交叉融合的研究成果。科研课堂主要培养学生的信息检索能力、学术阅读能力、写作能力、团队合作能力和学术报告能力。科研课堂的训练能够深化学生对专业知识的理解,提升学生整合和应用知识的高阶认知能力。

科技竞赛考量的是学生的综合素质能力,为强化对学生创新能力的培养,组建了跨学科(年级)科研团队,使得具有不同专业背景的学生能够发挥自己的专业长处,在科研过程中不断地交流思想,实现不同学科之间的知识融合,有利于科研成果的产出。同时,为强化学生创新能力的培养,为学生配备多名不同专业的指导教师,从项目准备、论文写作、PPT制作与展示等方面给予全方位指导。

北航是传统的以工科为主的大学,理工科资源丰富,文科学生参赛可以充分利用这个优势,和理工科学生共同组队,利用学生各自的专业优势共同解决某些社会经济问题。如经济系谷曼和机械学院等工科学生的合作项目"AIRSEA 浮空创新科技"获2018年"创青春"首都大学生创业大赛——创业计划赛金奖;经济专业白佳毓和宇航学院学生的合作项目"基于神经网络优化算法对可重复使用运载器设计方案的评估"获中国高校计算机大赛人工智能创意赛(航天组)三等奖;经济专业郭奕含和法学院、数学学院以及工科学生的合作项目"远洋御风——新能源开发的技术先行者和公

益倡导者"获第八届"中国国际互联网＋"大学生创新创业大赛——青年红色筑梦之旅（创意组）北京赛区二等奖；等等。

为了更好地激发学生的参赛热情，积极鼓励更多学生参与其中，将引导参赛学生对竞赛过程中获得的创新实践成果进行进一步凝练为学术论文并发表，将专业成果转化为对社会的贡献。

（五）激励措施

为鼓励学生积极参加科技竞赛，北航出台了激励政策，对参赛的学生给予相应的奖励。如拿到学校"冯如杯"主赛道一等奖以及首都"挑战杯"和全国"挑战杯"主赛道一等奖的学生，可以获得免推（研究生）资格；在学生奖学金、优秀学生的评定中，科技创新成果也是重要的考量项。同时，本科生在保研考研深造中，赛事获奖也是重要的加分项。

三、本科生科技竞赛成果

学生科技竞赛取得傲人成绩。获得"挑战杯""互联网＋""统计建模大赛"等一等奖4次、二等奖5次、三等奖（铜奖）4次，获批全国和北京市大创项目多项。

其中"挑战杯"竞赛项目《京津冀雾霾空间关联特征及其影响因素的空间溢出效应分析——基于空间自相关和空间杜宾模型》继相获得第9届"挑战杯"首都大学生课外学术科技作品竞赛一等奖和第15届全国"挑战杯"首都大学生课外学术科技作品竞赛一等奖；《京津冀非农转移阶层收入水平代际流动影响因素实证研究——基于821份样本调查问卷》获得第十届"挑战杯"首都大学生课外学术科技作品竞赛一等奖；《"红色＋"文旅融合助力左权乡村振兴——基于动态规划和模拟退火算法的旅游模式优化》获"青学二十大"红色专项赛一等奖（2023）；《"远航"青年灵活就业信息交流平台构建的设想——以数字经济为背景》获得首都"挑战杯""揭榜挂帅"专项赛二等奖（2021）；《千栗飘香——三产融合助力乡村振兴》获"挑战杯"首都大学生创业计划竞赛"青振京郊"专项赛道铜奖；《九棵树夜间"文化＋生活＋旅游"开放街区商业策划书》获"挑战杯"首都大学生创业计划竞赛"青创副中心"副中心创业专项赛铜奖（2022）；《青燕归巢：博士农场背景下峪口镇青年农业人才返乡创业困境及对策研究》获"青振京郊"乡村振兴专项赛三等奖（2023）。

"互联网＋"竞赛项目《远洋御风——新能源开发的技术先行者和公益倡导者》和《智旋助农——自旋技术助力智慧农业构建》，分获第八届"中国国际互联网＋"大学生创新创业大赛——青年红色筑梦之旅（创意组）北京赛区二等奖和三等奖（2022）。

全国大学生统计建模大赛中，《ESG和投资》和《双向FDI溢出对区域技术创新的影响——兼论吸收能力的调节效应》分获第八届全国统计建模大赛北京赛区一等奖和三等奖。

其他赛事方面,如《聆飞导盲无人机——视障者的智慧出行助手》获 iCAN 大学生创新创业大赛北京赛区二等奖(2022),《基于神经网络优化算法对可重复使用运载器设计方案的评估》获中国高校计算机大赛人工智能创意赛(航天组)三等奖(2022)。

在北航本校"冯如杯"赛事中,《京津冀都市圈产业结构与城镇空间模式协同状况研究——基于区位熵灰色关联度和空间引力模型》《五大发展理念下京津冀空间关联特征及其对区域经济增长的影响效应研究》《京津冀非农转移阶层收入水平代际流动影响因素实证研究——基于 821 份样本调查问卷》《利益冲突与权利协调——我国外卖配送平台治理困境与优化分析》《生态补偿政策下乡村绿色转型的经济分析——基于龙岩革命老区 44 户转产农户案例调研》分别获得第二十五届、二十六届、二十九届、三十一届、三十三届竞赛主赛道哲社组一等奖。

参考文献

[1] 杨鑫利. 美国研究型大学本科生科研发展概述[J]. 高等教育研究,2004,(4):105-109.

[2] 伍红林. 从《博耶报告三年回顾》看美国研究型大学本科生研究性教学[J]. 高等工程教育研究,2005(1):79-82.

[3] ASTIN A W. What maters in college: four critical years revisitived[M]. San Francisco:Jossey-Bass,1993.

[4] KARDASH C A M. Evaluation of an undergraduate research experience: perceptions of undergraduate interns and their faculty mentors[J]. Journal of Education Psychology,2000,92(1):191-201.

[5] BAUER K W, BENNETT J S. Alumni perceptions used to assess undergraduate research experience[J]. The Journal of Higher Education,2003(74):210-230.

[6] 郭卉,韩婷. 大学生科研学习投入对学习收获影响的实证研究[J]. 教育研究,2018(6):60-69.

[7] 林崇德,胡卫平. 创造性人才的成长规律和培养模式[J]. 北京师范大学学报(社会科学版),2012(1):36-42.

一流本科专业建设下本科导师制的推进策略研究

韩　霞　胡庆江

摘要：在新时代高等教育内涵式发展及一流本科专业建设背景下，本科导师制作为本科教育的教学指导制度，对提高本科专业教育质量、提升人才培养水平发挥着重要作用。对标一流本科专业建设的内在要求和现实需要，本科导师制的实施应强化研习指导这一中心任务，不断提升本科生的培养质量；充分利用校内校外资源拓展导师范围，发挥不同类型导师优势；进一步优化制度安排，保障导师制的具体实施效果；不断健全相关设施环境，为导学开展多维互动营造良好氛围。

关键词：导师制；一流本科专业；人才培养

一、引　言

一流本科专业建设是新时代促进高等教育内涵式发展、提高高等学校人才培养质量的重要举措。2019年教育部印发了《关于实施一流本科专业建设"双万计划"的通知》，决定启动一流本科专业建设"双万计划"，即2019—2021年建设10 000个左右国家级一流本科专业点和10 000个左右省级一流本科专业点。一流本科专业建设强化了高等教育本科教学的基础地位，同时也强调了人才培养的中心地位。2017年，北京航空航天大学（以下简称"北航"）入选国家"双一流"建设高校。北航经济学专业是北航人文社会科学学院（以下简称"人文学院"）本科专业之一，也是北航精品文科建设的重要组成部分。北航经济学专业经过多年的积累和建设，于2020年入选了北京市一流本科专业，于2021年入选了国家级一流本科专业建设点。

在高等教育本科专业建设中，本科导师制作为重要的管理制度之一，无论是在专业建设上还是人才培养上都扮演着重要的角色。2005年教育部颁布的《关于进一步加强高等学校本科教学工作的若干意见》提出，有条件的高校要积极推行导师制，努力为学生全面发展提供优质和个性化的服务。此后，本科导师制建设在高校本科教育阶段得到了全面推进。应该看到，本科导师制在高校的具体实施中也面临很多现实问题，比如：导师指导意愿不强，导师类型相对单一，导师指导机制松散，导师激励手段有限[1]；本科导师制没有共同的活动，没有自然形成的共同体，制度化的师生联系机制常常徒有其形[2]。当前，我国本科教育正经历以"双一流目标导向""以本为本政策驱动""信息技术变革推动""以学为中心"等为总体诉求的高质量发展阶段[3]，本科导师制建设面临着新的机遇和挑战。对此,要立足高等教育实际,对标一流本科专业建设的内在要求和现实需要,切实推进本科导师制的有效实施。

二、导师制在本科专业建设及人才培养中的功能定位

作为本科教育的一种教育指导制度,本科导师制的实施与本科教育模式有直接关系。北航本科招生实行的是大类招生,新生入学后第一年进入书院接受通识教育,第二年开始进入专业学院接受不同的专业教育。以经济学专业为例,新生入学后先进入知行书院接受通识教育,第二年根据学生自主选择与学院选拔进入人文学院经济系接受专业教育。与此相对应,本科导师大体分为两类,一类是新生导师,一类是专业导师。不同类型的导师在本科专业建设和人才培养方面都发挥着重要的功能。

(一) 导师制是提高本科专业教育质量的有效保障

从本科生导师的具体职责来看,新生导师一般是新生入学后为学生提供指导的导师,主要在学生选课、专业选择、学术规划、课外活动等方面提供帮助和指导,目的是帮助刚刚踏入大学校门的学生尽快熟悉大学生活。专业导师是学生进入专业学院后为其专业学习提供指导的导师,主要是带领学生开展学术活动、科学研究,并为学生职业生涯规划提供帮助和建议。

可以看到,无论是新生导师还是专业导师,对于本科专业教学活动的顺利开展和教育质量的提升都发挥着重要保障作用。一方面,在学生完成通识教育、进入专业教育时,很多学生对于专业选择特别是专业本身缺乏清晰认知,特别需要导师结合学生的兴趣以及专业特点和要求为其提供建设性的帮助,这对于学生后续开展专业学习也大有裨益。另一方面,学生在专业学习过程中,针对如何在专业领域开展系统性学习、如何开展科学研究、如何实现专业知识学以致用等问题上都需要专业导师的启迪和引领,从而激发学生的学习兴趣和潜能,更好地开展高效率的专业学习和高质量的科学研究。

(二) 导师制是提升本科人才培养水平的重要抓手

本科导师制作为面向本科学生为其学习和成长提供全方位指导和服务的制度,不仅为学生提供学业指导、科研指导,而且在关键节点上为其成长成才、职业规划提供必要的支持和帮助。现实中,学生在成长过程中往往会遇到各种各样的问题,更需要专业导师有针对性地为其解惑和提供帮助。

在学业方面,很多专业导师都是承担本科教学及科研任务的一线教师,具有严谨的治学态度、过硬的专业素养和丰富的职业经历,能够利用自身的专业优势帮助学生深入了解本专业的特点和学习要求,为学生选课和选择专业方向提供建议。同时,能

够引导学生端正学习态度、明确学习目标、制订学习计划,培养学生的专业兴趣,根据学生个性特点和发展需求对其学术活动的开展以及职业生涯的设计等给予个性化指导。另外,学校也聘请了一些经验丰富的离退休教师指导本科生,这些老教师在学业和生活上都能给予学生更多的指导和帮助。本科导师制真正体现了以学生为中心的宗旨,导师通过为本科学生提供全方位的指导和服务,不仅成为学生成长成才的引路人,本科导师制也成为学校人才培养的重要抓手。

三、一流本科专业建设下推进本科导师制的实施策略

(一)重视研习指导,提升本科生培养质量

2022年习近平总书记在中国人民大学考察时指出:要扎根中国大地办大学,走出一条建设中国特色、世界一流大学的新路;坚守"为党育人、为国育才"初心使命,回答好"为谁培养人、培养什么人、怎样培养人"这个根本问题。本科导师制是以学生学业的研习指导为核心使命,学生在"学什么"和"怎么学"这两个关键环节,都需要本科导师的引领和教导。在一流本科专业的建设中,本科导师对本科学生的研习指导重点应做好以下三方面工作。

一是学术培养与道德教导有机结合。本科教育处在新时代高等教育的基础地位和前沿地位,只有固"本"才能更好地求新谋变。本科导师在加强对学生的学术培养的同时,要格外重视对学生思想品德、学术道德的教导,提高学生的品德素养和道德规范,为学生的成长和人才培养质量的提升奠定坚实的基础。

二是学习知识与关注现实有机结合。针对本科教育"学什么",本科导师在引导学生努力学习专业知识的同时,应着力引导学生主动关注现实,关注知识的实际应用。经济学要更好地服务于中国式现代化的需要,必须扎根中国大地,立足中国现实。通过引导学生主动关注现实,使学生更加了解中国实际,接触到更多的新兴事物,才能更好地实现学以致用。知识应用不仅是知识学习的重要组成部分,也是学生能力培养的重要切入点。

三是创造性思考与自主学习有机结合。针对本科教育阶段学生"怎么学",本科导师的作用更加凸显。本科生思维非常活跃,导师要启发和引导学生进行创造性思考,培养学生的自主学习能力和批判精神。只有使学生具备自主学习意识、养成自主学习习惯,才能使其更好地适应一流本科专业建设下本科教育由以"教"为中心向以"学"为中心的转变。

(二)拓展导师范围,聚合不同类型导师优势

在"双一流"建设背景下,北航明确提出要以"强情怀、强基础、强实践、强融通"——"四强"模式贯穿人才培养的全过程。而新文科建设对经济学专业人才培养

也提出了新要求,在重视理论性培养的同时,强调应用型专门人才培养,以更好地服务国家经济社会发展的需要。现阶段,本科导师制下的新生导师和专业导师为本科生尽快适应大学生活、尽快熟悉专业教育发挥了积极的引导和辅助作用。对标一流本科专业建设以及新文科建设的新要求和新挑战,本科导师制也要与时俱进、应势而变。

就经济学专业而言,应立足经济学学科建设和经济学人才培养的现实要求,在本科导师制的具体实施上赋能增效。

一方面,顺应学科交叉发展趋势,吸引其他学科导师加入。当前,学科交叉已成为学科发展的新趋势。2020年,国家自然科学基金委员会专门成立了"交叉学科部"。在学科深度交叉融合背景下,专业导师的单方指导已不能很好地满足经济社会发展对复合型人才的需求。要突破传统学科划分的藩篱,突破传统学科研究范式、知识体系的局限性,用大交叉、大融合的方式,用创新的研究技术去破解重大问题[4]。因此,结合经济学一流本科专业建设,应不囿于专业,广泛吸引其他学科的导师加入,以拓展学生的学术视野,共同做好本科生的研习指导。

另一方面,应立足服务经济社会的现实需要,吸引业界导师加入。党的二十大报告描绘了中国式现代化的蓝图和行动纲领,指出要以中国式现代化全面推进中华民族伟大复兴。中国式现代化为经济学教学提供了丰富的理论内涵和实践经验,本科导师制的建设也应根据经济学教学内涵的变化而加以改革,吸引行业领域专家、业界导师等加入导师队伍,发挥其专业优势和特长,为学生学业和职业发展提供有效指导。通过聚合不同类型导师的优势,合力提高学生的专业能力、实践能力等,进而增强学生的创新精神和专业精神,促进学生的全面发展,为其未来的职业发展奠定坚实的基础。

(三)优化制度安排,保障导师制实施效果

本科导师制的有效实施客观上需要相应的制度安排和制度保障。

其一,完善导学双向选择,实现双方精准匹配。在本科导师制的具体实施上,应充分尊重导师和学生双方的自主意愿,通过双向选择机制实现双方的精准匹配。但是现行本科导师制的实施在很大程度上取决于学生的单向选择,特别是新生导师——学生对导师情况很了解,而导师往往在选择完成后才有更多的机会了解学生。因此,应完善双向选择机制,为导师更好地提供个性化指导创造有利条件,提高导师制实施的精准性。

其二,确定合理的生师比,保障指导效果。生师比在一定程度上直接影响导师制的指导方式和指导效果。以一流本科教育制度的典范——美国文理学院本科导师制为例,小规模和低生师比是导师制得以实施的重要保障[5]。近年来,随着高校扩招,学生数量不断增加,但教师数量的增加相对缓慢。这导致本科导师制生师比配置不合理,导师指导效果也直接受到影响。因此,应充分利用校内校外资源,通过吸引不

同类型的导师加入以降低生师比,进而提高导师的指导效果。

其三,建立退出和更换机制,畅通导师制的运行。在本科导师制的实施过程中,难免会遇到导师和学生双方不适合、不协调等问题。对此,应以开放的心态来看待,通过建立退出和更换机制,推进导师制的有效运行和常态化发展。这不仅是对导师和学生的爱护,更是对导学双方负责任的体现,同时也是提高导师制管理水平的内在需要。

其四,构建和完善激励机制,提高导师的参与意愿。本科导师往往都是教学一线的教师,不仅承担着繁重的教学任务,还面临着非常大的科研压力。导师制意味着教师需要额外投入时间和精力与学生进行联络交流,为学生提供学业指导。而高校科研导向的考核评价制度又难以体现教师在相关活动上的投入和付出,这也导致很多教师参与意愿不高。对此,学校应构建和完善导师激励机制,在政策和评价制度上体现对导师付出的认可,提高导师的参与意愿和工作动力。

(四)健全设施环境,营造导学良好氛围

对于专业导师而言,针对学生课业、科研、未来职业发展等给予有效指导,更多地体现为一对一个性化指导或小班化指导。很显然,教室、实验室虽然是导师和学生开展交流互动的重要场域,但并不是很适合进行一对一指导或小班指导。开展这种小规模的师生互动与学习,客观上需要有适宜的活动场域,为导师和学生之间开展指导和交流营造良好氛围。通常来说,环境或氛围对教学效果的影响是不容忽视的。比如上课教室如果过大,学生过于分散,这种空间疏离感不仅影响教师的授课效果,也影响学生参与课堂教学的效果。导师开展个性化教学指导,同样需要适宜的导学环境和氛围。

因此,除了教室和实验室这些常规的教学科研场域外,学校应针对导师指导活动的特点和要求提供相应的活动场域,为导师开展一对一个性化指导或小班科研活动创造有利条件。在学校层面,北航近年来新设了许多适合导学交流的研讨教室、众创空间和休闲空间等,极大地丰富和拓展了导学交流场域。在学院层面,如人文学院设立了学术工坊、共享空间等,使导学交流场所更加轻松友好,更加人性化。通过打造微空间以及沉浸式、共享性场所,构筑多元的导学互动场景,推动导师与学生在学术科研、校园生活等方面开展多维互动,为增进师生情感营造了良好的氛围。

参考文献

[1] 李奇虎,俞雅莲.一流本科教育背景下高校本科生导师制的审视与实践.[J].江苏高教,2021(10):66-69.

[2] 刘云杉.自由选择与制度选拔:大众高等教育时代的精英培养——基于北京大学的个案研究[J].北京大学教育评论,2017,15(4):38-74+186.

[3] 贺武华.我国本科生导师制演进发展的新时代要求及其实践创新[J].中国大学

教学,2021(3):10-16.
[4] 刘俏."经管+"的学科交叉范式如何回应国家重大需求?[EB/OL].(2022-11-07)[2024-02-01].https://news.pku.edu.cn/xwzh/0dbf2275e97942629765930199415ee3.htm.
[5] 王东芳,赵晓军.一流本科教育的导师制——基于美国文理学院案例分析[J].比较教育研究,2019,41(9):67-73.

高校选课制下学生逆向选课问题的成因及解决思路
——博弈视角下的分析

侯琳琳　刘建泽

摘要： 高校选课制对于学生和教师的发展具有很大促进作用，但也暴露出一些问题。本文指出了学生选课过程中的逆向选课问题，基于博弈视角深入剖析了逆向选课问题产生的原因，信息的不对称和考评制度的不完善是主要原因，最后针对性地给出了解决问题的对策建议。

关键词： 逆向选课；博弈视角；成因；解决思路

一、引言

选课制度是高校的一项重要教学组织制度，最早可追溯到1872年哈佛大学推行的选修制，国内则是由北京大学于1918年率先引入。选课制具有明显优于统一排课制的灵活性和自主性，但也引发了一些问题。美国大学入学考试委员会2017年度报告指出"美国确实是一个理工科匮乏的国家"[1]，选课自由让学生趋向于避开数理化等难度较大的课程，调查表明"过去五年"美国本科生修读理化者不足1%[2]。我国很多学者指出，选修制建设中存在着选课避难趋易、计划不清盲目选课、课程资源分配不均等诸多问题[3-5]，也关注到了学生逆向选课问题，但多是从学生行为的角度探究逆向选课的原因[6-8]。"逆向选课"源自博弈论中的"逆向选择"一词，逆向选择指由于交易双方信息不对称和市场价格下降而出现劣质品驱逐优质品，进而导致市场产品平均质量下降的现象。本文基于博弈视角，从更多方面剖析选修制下逆向选课问题的成因，并给出了具有针对性的解决思路和建议。

二、选修课选课中的逆向选课问题

选课制下的选课流程大致包括预选课、系统抽签、补改选三个阶段。（1）预选课阶段：学生从课程列表中选择课程，根据意愿分配权重分数和选择志愿数，这是系统抽签的重要参考依据。每位学生共有100分的权重分数分配给所选择的课程，相同条件下给课程分配的权重分越高，在抽签过程中被选中的概率越大。若同一课程有多位教师同时开课，学生选课时则要填报志愿，志愿数越小越优先抽选，也就是第一志愿优先于第二志愿和第三志愿。(2)系统抽签阶段：预选结束后，系统根据学生情况及其填报的权重分数、志愿数进行抽签。系统根据预先设定好的规则进行抽签，如年级排序高年级优先、时间排序先来先得、权重值降序排列分高优先、志愿值升序排列数小优先等。这些规则的先后顺序各高校不尽相同。(3)补改选阶段：系统抽签结束后公布抽签结果，学生可查询中签情况。由于课容量有限，并非预选的所有课程都可以中签。在此阶段，学生可以选择课容量未满的课程进行补选，此时的规则是先到先得，即选即中。

实行选课制的初衷是给予学生充分的自主权，使其根据自身的爱好、优势和未来发展规划自由选课，充分挖掘自身潜能，以更好地成才。实现初衷的前提是学生对自己有很好的认知，有清晰的未来发展目标和规划，同时又能够基于此与知识结构（课程）进行很好的匹配，从而做出科学的选课决定。但如果学生缺乏此方面的引导和指导，这个前提是很难具备的，这在很大程度上导致了逆向选课现象的普遍存在。所谓逆向选课，是指在高校选课过程中，学生更倾向于选择容易通过、信息含量不高的课程，而非那些虽有一定难度但能够完善知识结构、提升技能的课程，导致优质课程在一定程度上被劣质课程取代，并影响平均教学质量的现象。这种现象类似于经济学中的"逆向选择"现象，即市场上劣质产品驱逐优质产品的情况。逆向选课不仅影响学生个人的知识结构和技能水平，也会影响到教师积极性，一些教师为迎合学生，可能会借由降低课程难度和要求使课程变得更加轻松和容易通过。学生的短视行为会导致不良学风的蔓延，甚至影响教学资源的分配，造成教学资源的浪费。

三、博弈视角下逆向选课问题的原因分析

逆向选课现象发生的原因是多方面的。本文基于博弈论中的逆向选择理论对原因进行理论分析和验证，以寻找解决问题的思路。以下博弈分析不考虑交叉或共同作用，以最大程度地简化模型，使结果直观明了；参与人的收益值仅为简单表征，仅用于分析，不表示更多实际意义；同时，对参与人的数量进行抽象，将多人博弈过程简化为双人博弈，以降低复杂度。

（一）基于选课中学生间博弈的分析

1. 选课实时信息的不透明

选课过程没有课容量、实时选课人数等信息，导致课容量与需求不匹配，这是信息不对称导致的博弈结果。假设课程具有两个要素：课容量和实时选课人数，当要素属于不完全信息时，显然是不完全信息的静态博弈过程。博弈的双方为学生 A 和其他学生 B（代指一群人），自然人 N 决定实时选课人数/课容量这一比值的大小。A 和 B 均有两种选择：一是分配高权重分以提高中签率，记为"高分"策略；二是分配较低权重分，记为"低分"策略。相应的收益矩阵如图 1 所示，(a)为已选人数/课容量较

大时,即选课竞争激烈时的收益矩阵,(b)为选课竞争不激烈时的收益矩阵。

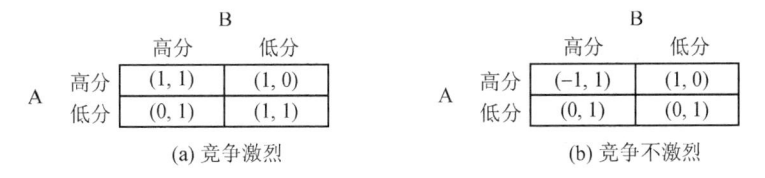

		B 高分	B 低分
A	高分	(1, 1)	(1, 0)
A	低分	(0, 1)	(1, 1)

(a) 竞争激烈

		B 高分	B 低分
A	高分	(-1, 1)	(1, 0)
A	低分	(0, 1)	(0, 1)

(b) 竞争不激烈

图 1　学生间博弈支付收益矩阵

以上不完全信息下静态博弈的海萨尼转换如图 2 所示。通过占优策略分析可以看出,竞争激烈时,A 和 B 的博弈均衡为(低分,高分),竞争不激烈时的均衡为(低分,高分)。这说明在选课实时信息不透明的情况下,无论选课竞争激烈与否,B 始终以高分策略参与博弈,而 A 却无法确定自己的策略选择,也就是说学生 A 的选课权重分配是盲目的。

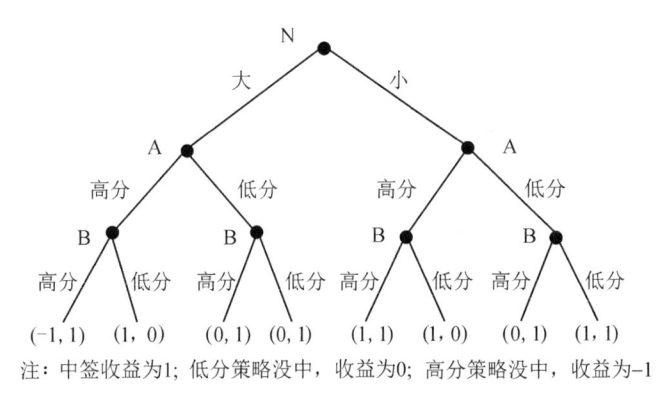

注:中签收益为1;低分策略没中,收益为0;高分策略没中,收益为-1。

图 2　不完全信息下静态博弈的海萨尼转换

若课容量和实时选课人数信息得到公开,以上博弈过程将转化为完全信息的静态博弈,虽然收益矩阵没有变化,但每个事件的概率会发生改变。学生 A 可以清晰判断某课程选课竞争压力的大小,从而能够明确自己的最佳策略——竞争激烈时,采取低分策略,甚至不选该课程,退而求其次选择其他竞争小的课程,更合理地分配有限的权重分;竞争不激烈时,A 可以把握权重分高低,以最小代价确保选课成功。由学生间的博弈分析可知,将选课实时信息透明化能够促使学生理性选课,有利于做好学业统筹安排。

2. 基于课程分数的学生考评方式不够合理

高校给大学生提供了很多评奖评优机会,多数评奖评优以课程成绩排名作为主要考评指标,因而学生选课带有功利性。学生倾向于选择容易通过或拿高分的课程,而非完全基于自己的兴趣,或为了完善知识结构和提升综合素质。学生选课前往往届学生咨询课程给分情况的现象较为普遍,主要是因为学生希望通过选择这些课程获得更好的成绩,从而提高自己在奖学金、保研等方面的竞争力。学生的功利性选课自然会导致逆向选课的情况,类似于"优质股和劣质股"博弈,完全理性下的均衡状态意味着学生们都进行功利性选课。这会造成教学资源配置的错位与浪费,从长远看也限制了学生在未来学术和职业领域中的发展潜力。

课程成绩的评定方式由教师决定,课程特点和组织安排不同,相应考评方式也不尽相同,这使得不同课程的平均打分有了高低之分。将课程成绩作为学生考核的主要评价标准,学生在成绩驱使下采取功利性选课策略,那些容易得高分的课程便成为"香饽饽"。部分内容难度大、考核要求严、最终成绩相对较低的课程选课率较低,陷入被"逆淘汰"的窘境,教师的积极性受到打击,甚至会出现教师迎合学生降难度降要求的现象,不利于教学质量的提升。

(二)基于选课中师生间博弈的分析

1. 课程和教师信息的不完全

在预选课阶段,学生一般不能充分了解课程的授课教师,不完全清楚课程特点、具体内容、考评方式等。学生认知局限下的选课或多或少带有功利性,会受到往届学生对课程主观评价的较大影响,"代代相传"现象尤为突出,在周边效应下出现学生扎堆选课行为。这是信息不完全情况下师生间博弈的结果。

师生间博弈可简化为不完全信息的静态博弈过程,博弈的参与人为学生 S 和教师 T,自然人 N 决定 T 的属性,成绩是倾向于高分还是低分,其中倾向于高分的概率为 q,倾向于低分的概率为 1−q,学生 S 可以选或不选课程,T 实际给予 S 高分或低分记为学生收益,S 给予 T 评教好坏记为教师收益,收益矩阵如图 3 所示。

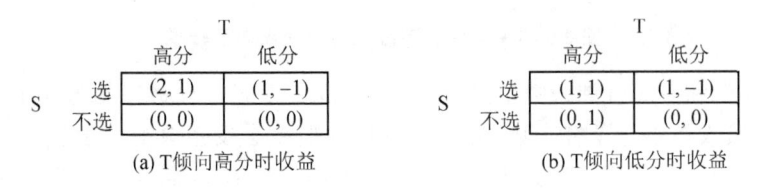

	T 高分	T 低分
S 选	(2, 1)	(1, −1)
S 不选	(0, 0)	(0, 0)

(a) T 倾向高分时收益

	T 高分	T 低分
S 选	(1, 1)	(1, −1)
S 不选	(0, 1)	(0, 0)

(b) T 倾向低分时收益

图 3　师生间博弈支付收益矩阵

该博弈的海萨尼转换如图 4 所示。学生 S 不选课程,师生双方收益均为 0;学生 S 在同等努力的情况下,T 倾向给高分时,S 可获得高分,收益为 2,反之收益为 1;S 在同等不努力的情况下,则 T 倾向给出高分时,S 可获得的收益为 1,反之为 −1。在不确定 T 倾向于高分还是低分时,在同等努力程度下,获得高分的期望为 $2 \times q + 1 \times (1-q) = 1+q$,低分的期望是 $1 \times q - 1 \times (1-q) = 2q-1$。

若将课程和教师信息在选课前共享给学生,则转变为信息完全的师生博弈过程。学生 S 明确知道教师 T 是否倾向于给高分,在同等努力情况下,可以获得高分的收益记为 2,获得低分的收益记为 1;在不完全信息的博弈下,由 $0 \leqslant q \leqslant 1$,获得高分的

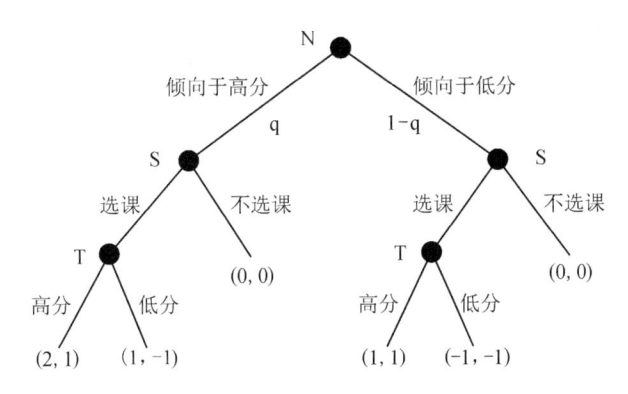

```
                    N
         倾向于高分 / \ 倾向于低分
              q  /   \  1-q
                S     S
         选课 / \ 不选课    选课 / \ 不选课
            T   (0,0)      T   (0,0)
       高分/ \低分       高分/ \低分
        (2,1)(1,-1)     (1,1)(-1,-1)
```

图 4　不完全信息下师生间博弈的海萨尼转换

期望为 $1 \leqslant 1+q \leqslant 2$,获得低分的期望为 $-1 \leqslant 2q-1 \leqslant 1$,可知不完全信息博弈的高/低分期望均低于完全信息博弈的高/低分期望。由此不难看出,学生更愿意选择已知倾向于给高分的教师所授课程,并规避倾向于给低分的教师所授课程。同时,由于期望值低于完全信息博弈,故学生相对不愿冒险选择属性未知的教师所授课程,这意味着新开课程的"未知性"直接影响学生的选课意愿。综上,选课前课程和教师信息的不完全促成了"代代相传"现象,选课学生更多依赖于往届学生对课程的主观评价也是促成逆向选课的原因。

2. 学生课程评价制度有待进一步完善

学生课程评价制度是高校内部通过问卷调查、访谈、焦点小组等方式,收集学生对所修课程各方面评价的制度,通常在课程结束后以线上问卷调查的形式开展。它是一种反馈机制,对于提高教学质量、促进教育改革具有重要意义。但高校学生评价制度还不够完善,比如有些学生课程评价的标准不够科学,过于主观,导致评价结果失真;有些仅以学生平均打分作为评价结果,缺乏对教师教学过程的全面了解和科学评估;有些学生课程评价过于注重教师教学水平和态度等方面,忽略了课程内容的质量和深度等。这些都可能导致一些教师为了获得高评价而迎合学生的需求,降低课程难度或者"放水"。师生间博弈体现了这一点,可简单刻画为当教师迎合学生降低难度给高分时,其收益为 1,给低分时收益却为 -1。这很容易理解:一方面,课程难度大、要求严,成绩相较其他课程偏低,部分学生可能会出于心理不平衡或者学习挫败感而给课程较低评价;另一方面,师生间的博弈并不仅是一次博弈过程,"代代相传"现象使得这一阶段的行为也影响到教师在下一阶段的口碑,至少在评教上不会体现出正效能。分析师生间的博弈(图 4)可以看出,教师采取合作博弈策略要优于非合作博弈策略,也就是说博弈结果表明教师的课程建设会更加趋向于首先考虑迎合学生,这意味着课程难度和要求的降低。

四、解决逆向选课问题的建议

（一）加强对学生选课的指导工作

学生的选课认知具有局限性，对选修课程的情况也不甚了解，选课带有较大的盲目性，甚至过于功利。为了达到开设选修课的目的，对学生选课进行指导和规范化显得非常重要。第一，开设学生发展指导类课程，或开设专门的选课咨询和指导服务，比如设立选课相关咨询热线或在线平台。通过这种方式解答疑问，引导学生科学地认识自己的志向、兴趣、特长和学习优势，同时结合国家社会发展需求，使学生充分了解高校的专业设置和未来职业发展的趋势。第二，鼓励教师参与指导，尤其是发挥学生导师的作用。在导师制下，每位学生都有导师，比如北航就为学生配有新生导师、专业导师、专属导师等。导师对学生有更深入的了解，可以提供更精准的选课建议。第三，建立选课指导工作的评价机制。可以通过问卷调查等方式收集学生和教师的反馈，了解选课指导工作的优点和不足，以不断改进。

（二）建立信息及时、公开、全面的教务平台

选课信息、课程信息的及时、全面公开能够让学生了解课程的实质内容、授课教师的背景和评价，以及课程对自己的职业发展和个人成长的实际帮助，有助于学生明确课程是否符合兴趣、是否符合个人发展需求，同时更好地把控选课风险；能够在一定程度上避免"过热"和"过冷"两极化选课现象的出现，有利于教学资源的合理配置。不仅如此，科学有效、公开、全面的平台建立，便于学校、学院及时掌握课程动态，有针对性地指导教学工作的开展。

（三）建立重视素质培养的学生考评制度

利用弱化成绩考查、强化能力考查的引导作用，建立重在教学过程表现的评价机制，成绩总评建议采用按比例评分的方式。例如，通过将个人实际得分与最高得分之比的相对分数作为考评成绩等方式，弱化不同课堂、不同教师评分倾向等要素对成绩的影响，让想锻炼个人能力的学生也能"学而奖则优，学而优则奖"，素质培养方可落到实处。

（四）优化学生课程评价制度

第一，高校应通过培训或宣传手段培养学生的评课意识和能力，让学生了解评课的意义和作用，以便更好地参与评教活动，提高评课的质量。第二，学生评课的指标要全面，要涵盖教师的各个方面，包括教学内容、教学方法、教学组织、教学态度、课堂氛围等，以全面反映教师的教学情况和学生的学习状态；评课标准要明确，包括评课指标、评分标准、评价方式等方面，以便学生更好地理解评课制度，提高评课的准确性

和客观性。第三,完善评课数据反馈和应用机制,一方面要将评课结果及时反馈给教师本人,使教师能够针对学生提出的问题和建议,积极采取有效的措施进行改进和提升;另一方面,学生评课结果作为对教师考核的一方面,为避免教师为获取高评分而迎合学生的行为,建议给予教师更多的成长空间,重在考核学生评课结果数据的变化趋势,而不是仅取决于某一次的结果数据,使教师有更多空间进行教学探索,以形成良性循环。

(五)教师需致力于提升课程吸引力

从教师的角度看,解决学生逆向选课或功利性选课的关键是提升教师自身魅力和课程吸引力。第一,教师需要加强交流与学习。一方面,不断增强自己的学科底蕴,包括学科知识和相关领域的知识积累,为学生提供高质量的课程教学;另一方面,需要不断创新教学方式和方法,采用多样化的教学手段和工具,不断改进教学风格,包括语言表达、肢体动作、面部表情等方面,以更好地吸引学生的注意力,提高他们的学习兴趣和积极性。第二,教师要积极加强与学生的互动和交流,除了在有限的课上时间进行师生互动外,还要根据课上观察到的学生情况在课下有针对性地加强交流,充分尊重和信任学生,与学生建立起良好的师生关系,了解他们真实的学习情况和需求,以便更好地指导和帮助他们。

参考文献

[1] American College Test (ACT) Inc. Steam Education in the U.S: Where we are and what we can do[R].[S.l.;S.n],2017.

[2] CHEN X, WEKO T. Students who study Science, Technology, Engineering, and Mathematics (STEM) in post-secondary education. NCES 2009-161[R]. National Center for Education Statistics,2009.7.

[3] 杨园华.学分制改革背景下学生选课困境及对策研究——以广东省某高校为例[J].教育现代化,2018,5(40):264-266.

[4] 傅瑛雪,刘朔,袁虎.大学选课制存在的问题和对策思考[J].学园.2018,11(27):191-192.

[5] 何小蕾,莫名月,景婷,等.浅谈学分制下自由选课制度的利与弊——以中山大学南方学院为例[J].科技视界,2020(16):81-82.

[6] 杨凯,陈志杰,孙晓婷.公选课逆向选课行为意愿的心理归因研究——基于北京市部分高校数据的实证分析[J].首都师范大学学报(社会科学版),2020(6):172-185.

[7] 杨凯.大学生公共选修课逆向选课行为的防范措施探析[C].中国国际科技促进会国际院士联合体工作委员会.[出版者不详],教学方法创新与实践科研学术探究论文集.2022:53.

[8] 郑佳然,张煜.大学生选课动机及在线学习行为机制研究[J].中国青年社会科学.2022,41(5):96-105.

经济学专业本科毕业设计选题现状及趋势分析

韩　霞　张佳书　靳　铭

摘要：毕业设计作为本科阶段最后一个综合性实践环节，是对学生在校期间整体所学专业知识及应用实践能力的一次全面的考核，是评估学生综合素质水平的重要手段。本文通过对2019—2023年北京航空航天大学人文社会科学学院（公共管理学院）经济学专业本科毕业设计的选题进行统计和可视化分析，探究经济学专业本科毕业设计的选题现状及趋势。结果显示，相关研究主题主要集中在产业经济、金融、国际经济等应用经济领域，研究热点及选题多回应现实需要。同时，部分毕业设计研究主题也充分体现了学生个人及指导教师的特色。

关键词：经济学；毕业设计；选题

一、引　言

教育关系着民族的未来，高等教育作为培养高素质人力资源的关键渠道，其发展水平是国家发展潜能的重要标志。目前，我国改革进入深水区，面临攻坚克难的重大议题，亟须提高发展质量、丰富发展内涵，对于高素质、创新型人才的需求越发迫切[1]，全面提高人才培养能力、建设高等教育强国是目前经济发展阶段的关键任务。为此，高等学校作为高等教育的主体，必须率先主动适应国家发展战略对高等人才培养的新需求，紧随世界高等教育发展变化的新趋势，围绕全面提高人才培养能力这个重点筹谋发展[2]。从发展阶段看，本科教育是培养高素质人才的必经之路，本科生更是高素质人才培养的主要来源。不仅如此，本科阶段是青年世界观、人生观、价值观形成的关键时期，准确把握价值导向以为人才培养赋能筑基，是高等教育的应有之义，因此本科教育理应得到重视。北京航空航天大学（以下简称"北航"）作为工信部直属的"双一流"高校，始终把本科生培养教育放在人才培养体系的核心位置，在教育教学中也以本科生培养为基础，始终以习近平新时代中国特色社会主义思想贯彻铸魂育人事业始终，以新时代人才培养领航行动计划统筹教育教学工作。北航以红色基因为底色，提出了"厚植情怀、强化基础、突出实践、科教融通"的方针，以培养具有深厚爱国情怀的全面高素质人才为目标，打造"强情怀、强基础、强实践、强融通"的"四强"培养模式。学校落实立德树人的根本任务，将学校原有的科研优势发展为教育优势，将科研能力的培养与本科生教育深度融合，构建具有创新特色的本科人才培养体系。

作为本科生教学阶段最后一个综合性实践环节,毕业设计是关于学生毕业与学位资格认定的重要考查依据[3],是本科生人才培养、评价和总结提高过程中的关键环节[4]。毕业设计能够使学生进一步巩固在专业通识课中学习的基本理论和基本技能,使之条理化、统合化。同时,毕业设计从独立分析问题与解决问题、统筹使用所学知识和方法等方面考察学生的能力,对学生运用科研方式处理问题、形成学科逻辑思维和综合素质的培养有着至关重要的作用。此外,毕业设计也是社会与企业考察、评价毕业生的重要参考[5]。企业与单位在录取毕业生时,除了要审核学生的自荐材料外,还会从学生毕业设计选题、论文写作能力、导师评价等方面了解毕业生的学术水平及科学思维能力,全面评价毕业生的工作能力与学科素养。同时,学生的毕业设计也是一个大学的科研教学水平与人才培养质量的直接体现。

二、数据来源和研究方法

(一) 数据来源

本文以北航人文社会科学学院(公共管理学院)经济学专业的本科生毕业设计为主要文献来源,重点分析2019—2023年5年期间经济学专业本科生毕业设计选题,共获取286篇毕业设计作为研究样本,对所涉及的研究领域、研究主题及研究热点等进行统计和计量可视化分析。

(二) 研究方法

本文结合计量分析结果,对本科毕业设计的研究领域、研究主题、研究热点、研究方法等进行分析,以此来反映北航人文公管学院经济学专业本科毕业设计选题现状及变化趋势。

三、研究结果分析

从毕业设计的数量来看,2020年最少,仅43个,2022年最多,达到了70个(如图1所示)。毕业设计作为高校人才培养过程中的重要环节,是理论与实践相结合,教学与科研、生产相结合的教学阶段,是大学生进行学业成绩考核和评定的必要方式。毕业设计的质量水平,能够直接体现毕业生综合素质的水平及高校对学生的培养效果[6]。

(一) 研究主题及关键词分析

针对286篇毕业设计研究领域及主要关键词进行统计分析,可以得出研究领域

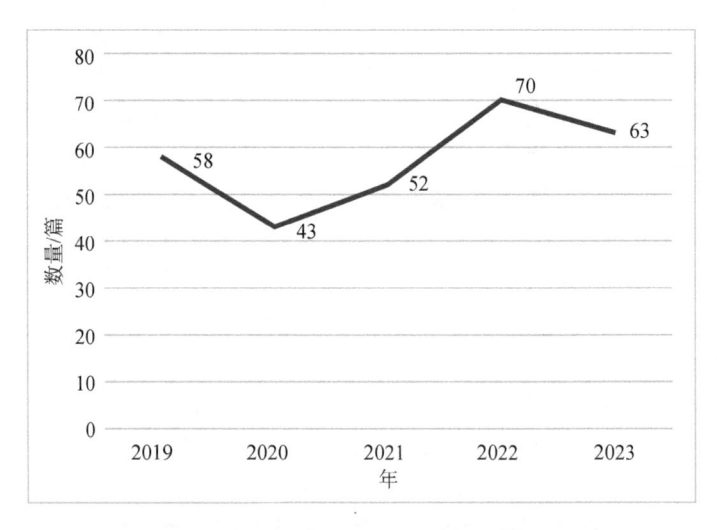

图 1　2019—2023 年经济学专业本科毕业设计总量变化

的分布情况以及各个研究领域具体出现的频次(如图 2 所示)。通过对 286 篇毕业设计的研究领域进行细化分类,可以看出,频次最高的研究领域是"产业经济",相关论文共有 46 篇。此外,"金融"有 42 篇,"国际经济"有 37 篇,"农业经济"有 36 篇,"区域经济"和"公共经济"各有 17 篇,"社会保障"有 15 篇,"财税政策"有 14 篇,"环境经济"与"人口经济"各有 13 篇,"消费经济"有 12 篇,"劳动经济"有 8 篇,"高校科技成果转化"有 6 篇,"财务管理"和"数字经济"各有 5 篇。可以看出,286 篇毕业设计的研究领域主要集中在产业经济、金融、国际经济、农业经济等领域,大多属于应用经济学范畴。这一方面可能与学生个人的研究兴趣及指导教师本身的研究领域相关,另一方面则更多地反映出学生在毕业设计选题上紧密联系实际,体现了现实需要及时代特征,这也将在以下高频关键词中进一步分析。

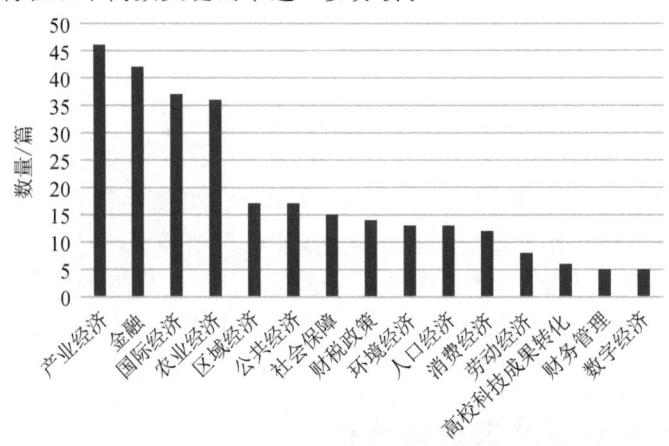

图 2　经济学专业本科毕业设计研究领域分布

表1显示了286篇毕业设计中出现频率较高的关键词。可以看出,"创新""住房""金融""数字经济""财税"等词出现频率较高,同时还有"碳排放""新冠疫情""中美贸易摩擦""一带一路"等反映时代特点的词。从这些关键词中也可以发现近5年来经济学专业本科毕业设计的研究重点。在国家"创新驱动发展战略""大力发展实体经济、推动制造业转型升级""绿水青山就是金山银山"等战略指导下,学生在相关研究主题上也更多地关注国家切实的战略需求。此外,面对百年未有之大变局,一些重大主题也成为经济学专业学生毕业设计研究的重点,如"一带一路""贸易摩擦"等。这充分反映了经济学专业在人才培养上紧扣国家战略需求,积极引导学生关注现实、服务社会,注重培养学生探索和解决现实经济问题的能力,使学生真正成为堪当民族复兴大任的时代新人。

表1 毕业设计(论文)高频关键词

高频关键词	频次
创新	40
住房	27
金融	24
数字经济	23
财税	18
农业	17
人口	15
农村	12
科技	12
京津冀	12
制造业	12
一带一路	10
投资	10
价值链	7
产业结构升级	6
碳排放	6
科技成果转化	6
中美贸易摩擦	5
新冠疫情	4

（二）研究热点及趋势分析

通过总结286篇毕业设计的研究热点及相关发展趋势，归纳其所呈现的热点话题及研究特点，能够看到毕业设计选题的相关研究趋势和研究动态。

1. 各研究领域的研究热点

在"产业经济"领域，多数毕业设计选题均出现"产业协同发展""产业结构升级"及与战略性新兴产业有关的关键词，也有的毕业设计以特定产业为研究对象分析产业发展状况。当前，我国经济正处在转型升级、提质增效的关键阶段，以产业升级、产业协同发展为内在驱动，不仅能够激发市场活力，而且为经济持续稳定增长和高质量发展提供了动能。因此，"产业经济"领域的相关研究反映了社会热点及现实需要。

在"金融"领域，多数毕业设计关注到"金融监管""金融风险""绿色金融"等。2018年我国对金融监管结构进行了调整，2023年继续对金融监管结构进行重大调整；与此同时，国际环境的变化、新冠疫情的影响以及地缘冲突等因素，使我国国内外金融环境发生重大变化，需要不断加强对金融领域风险的防范，完善我国的金融监管格局，实现金融更好地为实体经济服务。

在"国际经济"领域，多数毕业设计出现了"一带一路""中美贸易摩擦""碳排放""碳交易"等近年国际经济领域的热点，其研究领域也相应包含国际事件对全球价值链、国民收入、汇率、出口量、创新等的影响，研究体现了较强的时代性及创新性。

在"农业经济"领域，毕业设计聚焦于"农民收入""农业生产率"等话题。在当下全面建设社会主义现代化国家的背景下，如何缩小城乡收入差距、推动共同富裕成为社会热议的话题，也成为毕业设计关注的领域。

在"区域经济"领域，最为突出的研究话题是"京津冀协同发展"，同时也有一些毕业设计关注东北地区、沿海地区等区域。区域经济在中国式现代化建设中发挥着重要引领作用，也是打造经济增长极的重要载体。其中，京津冀协同发展作为国家区域重大战略，致力于通过京津冀地区协同发展的引领示范效应推动更大范围区域经济的协调发展和整体提升。因此，区域经济也成为毕业设计研究关注的重点议题。

在"公共经济"领域，广受关注的研究话题为"住房研究"。随着我国城镇化进程的加快，购房、租房等成为学术界的热点话题，对于促进经济发展、构建内循环经济发展格局具有重要意义。此外，与"住房研究"相关的毕业设计在一定程度上与指导教师的研究方向密切相关。

在其他研究领域，"人口老龄化""就业""消费升级""绿色发展"等也成为研究热点，可以看出这些研究议题都是目前社会广泛关注的现实问题。

2. 研究特点及趋势

从整体来看，经济学专业本科毕业设计呈现出以下特点。从研究方法来看，本科毕业设计基本采用统计、计量等实证方法进行经济分析，也有少数毕业设计采用案例分析、比较分析等方法进行定性研究。从选题特点来看，毕业设计多关注现实、应用性问题，切实反映了社会需要、时代发展特征及热点问题。此外，结合北航实际，本科毕业设计对"京津冀"区域研究、在京高校研究、北航案例研究等也给予了很多关注，增强了研究的现实性。此外，一些毕业设计选题具有明显的地域特色，少数民族学生大多选择与家乡相关的主题进行研究，其他学生在选取研究主题与研究样本时也大多偏好对家乡的相关案例、数据进行分析。这在一定程度上提高了毕业设计研究的可行性，同时也体现出学生对家乡的认同感和自豪感。

综上可以看出，经济学专业本科毕业设计的研究领域广泛，研究主要聚焦于产业经济、国际经济、金融、农业经济等研究领域，同时在研究热点上关注国家重大发展战略和现实需求，既体现了学生自身的研究兴趣及其对相关研究方向的了解程度，也反映了人才培养中专业教育与时代教育相结合的特点。

四、结　论

本文通过对近2019—2023年北航人文社会科学学院（公共管理学院）经济学专业本科毕业设计选题进行计量统计，围绕研究主题、研究热点、研究特点及变化趋势进行了深入探讨和分析，主要结论如下：

一是在毕业设计研究主题方面，研究领域大多集中在"产业经济""国际经济""金融""农业经济"领域，占到整体毕业设计的53%左右。近年来，"数字经济""消费经济""环境经济"也受到了较多的关注。毕业设计选题在一定程度上反映了社会发展方向及重点关注的议题。

二是在毕业设计研究热点及特点方面，研究热点主要呈现出回应现实需要的特点，具有鲜明的时代性。同时，部分毕业设计也体现出学生及指导教师的学术兴趣及个人风格，毕业设计研究方法也主要以经济计量方法为主。

参考文献

[1] 孙锐.实施新时代人才强国战略：演化脉络、理论意涵与工作重点[J].人民论坛·学术前沿,2022(18)：92-101.
[2] 张卫国.完善体制机制探索创新型人才培养模式[J].中国高等教育,2011(22)：21-22.
[3] 缪新颖,何东钢,崔新忠.联动科创活动和科研提高毕业设计质量[J].实验技术与管理,2017,34(2):144-146+161.
[4] 武卫莉.提高大学生毕业设计（论文）的教学质量研究[J].实验技术与管理,2012,29(2):153-155.
[5] 张起祥,李祖欣.毕业设计、毕业实习与就业一体化改革模式探析[J].黑龙江高教研究,2011(9):163-165.
[6] 刘波粒,刘泽军.浅析本科生毕业设计（论文）质量滑坡的原因及其对策[J].中国高教研究,2007(7):89-90.